考える技術

The Art of Converting Conceptual and Creative Thinking into a Practical Business Plan

Kenichi Ohmae

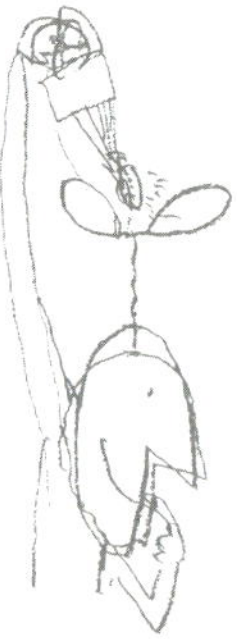

大前研一

講談社

はじめに――「思考力格差」の時代

「新しい世界」に求められる思考回路とは？

世界経済は急激に変化している。この変化の本質とは、これまでの経済原則のまったく通じない、新しい経済が生まれてきたことである。

日本の指導者たちはその変化に気づかず、一〇〇年前のケインズの一般理論をもとに国債を乱発したり金利を下げたりして国民の財産を無駄に使い、「失われた一〇年」という経済の低迷を招いた。最近になって景気回復傾向が出てきたと浮かれているが、その原因も彼らは理解していない。政府が考えているようなマクロ経済的な考え方は、新しい世界ではまったく通じないのである。

新しい経済が始まったのは一九八〇年代中頃のことだ。以来二〇年近くにわたって変革は劇的な速度で進み、しかもそれは間断なく今も継続している。この変革は人類が「新大陸」を発見したときに起こる大変革に相似するものだと言えよう。

私はいち早くこの変革に気づき、新しい経済のもつ意味合いを継続的に研究し論じてきた。『ボーダレス・ワールド』『地域国家論』『新・資本論』などをはじめ、拙著のほとんどはこの考えに基づいて書かれたものである。

この新しい経済、新しく発見された大陸には陸地がまったくない。いわば「見えない大陸」である。しかしこの大陸が及ぼす経済的、政治的、社会的な影響、そしてビジネスに与える影響は極めて甚大だ。古い価値観はことごとく淘汰され、すべてが新しく生まれ変わるといっても過言ではない。

見えない大陸には四つの空間がある。旧世界から継続している「実体経済」の空間、金や情報が国境を越えて自由に流通する「ボーダレス経済」の空間、インターネットに限らずさまざまな通信技術から生じた「サイバー経済」の空間、そして自己資金の一〇〇倍、一〇〇〇倍というマルチプル（倍率）の資金が動く「マルチプル経済」の空間。この世の中の現象のすべては、この四つの空間が複雑に関係しあって起こっているのである。この新しい世界では、旧世界におけるマクロ経済学はまったく役に立たないし、これまでのビジネスの手法はもはや通用しないのだ。

もう一つの大きな変化は、世界にはお金が溢れているということである。先進国では高齢化が進展し、自分の国では使い切れないお金が年金、貯蓄、保険などの形で滞留している。世界の国々はこれをいかに自国経済に取り込むかということに、これから腐心することになる。

しかし、本書はこの新しい経済そのものについて述べることを主たる目的とはしていない。本書の目的は、この新しい世界の中でビジネスマンが生き抜いていくために必要なビジネス思考の方法と、その思考回路を身につけるためのノウハウを読者に伝えることにある。新しい世界でビジネスを展開していくには、これまでの古い思考回路から新しい思考回路に切り替えなければならないからだ。その目的のためにも、折にふれて新しい世界で起こっているさまざまな現象とその意味について言及することになるだろう。

思考力の差が生み出す収入格差

では、新しい経済、見えない大陸でビジネスマンに求められる思考回路とはどのようなものか。それは端的に言えば「論理的思考」、論理的に考える頭脳回路である。当たり前と思うかもしれないが、日本企業では往々にして過去の成功体験や経験則に基づく「思い込み」がビジネスを支配している。その結果、新しい経済への転換に気づくことも対応することもできず、「失われた一〇年」と呼ばれる低迷を招いてしまったのだ。

これからの時代、論理的思考がなければビジネスマンとして生き残ることができない。そればかりか、この世の中で何が起こっているのかさえ理解できないだろう。逆に論理的な思考回路さえもっていれば、あなたは必ず新しい世界でも臆せずに戦っていくことができる。

新しい経済はマルチプルだから、思考力の差によって経済格差もマルチプルになって現れる。しかもお金はボーダレスに世界中から流れ込んでくる。新しい時代は、思考力によって極めて大きな格差が生まれる時代、すなわち「思考力格差」の時代なのだ。

ひと口に論理的思考、あるいは思考力と言っても、イメージがわかない人も多いかもしれない。そこで本書では、論理的思考をベースに、ビジネスマンに必要不可欠な思考方法について紹介する。

第一章「思考回路を入れ替えよう」では、真の問題解決にならない思考方法をやめ、問題解決のための正しい論理的思考の方法をお教えする。この思考方法は私が経営コンサルタントとして、三〇年の間に行ってきた数千件に及ぶコンサルティングのノウハウを基にしている。直面するあらゆる問題を解決し、論理的に絶対に正しい解を導きだすための思考法であり、あらゆる仕事の場面で有効なものだ。これはこれまでの思考回路を新しいものに切り替える基本的な作業だといえる。

だが、いくら論理的に正しい解決策を導き出しても、その解決策を受け入れてもらえなければ意味はない。そこで次の第二章では経営コンサルティングの最終段階であるプレゼンテーションのノウハウをもとに、人を納得させるための方法をお伝えする。その根本となるのは、「相手の心を動かすのはあくまでも論理構成である」ということだ。

続く「本質を見抜くプロセス」と「非線形思考のすすめ」の章は、世の中で起こっている現象の本質を見極め、解のない問題に正しい方向性を見つけるための思考法について書いている。旧世界の思考回路では絶対につかむことのできないノウハウである。

さらに「アイデア量産の方程式」「五年先のビジネスを読み解く」「開拓者の思考」の各章では、新しい経済の中で新しい価値観を生み出し、ビジネスを成功させるための思考回路について記した。

これらの思考ノウハウは、私が過去から現在に至るまで、絶えず鍛練してきた論理的思考から生み出されたものであり、いわば大前研一の思考術そのものだとも言える。

もちろん、これらの思考方法を身につけることはそう簡単なことではない。しかし、本書で紹介している新しい経済の姿や数々の事例に触れ、思考力を鍛えるためのトレーニングを繰り返し行っていけば、あなたも必ず身につけることができるはずだ。

知的に怠惰な人間は生き残れない

頭というのは使えば使うほど磨かれるものである。使いすぎてダメになる人間はいないのだから、使えるだけ使ったほうがいい。

ところが日本人のほとんどは頭を使わないし、論理的思考というものをまったく身につけていない。その原因は、恐らく二つの面で受験の後遺症があるからだろうと思われる。一つは親から勉強しろと言われてやってきたために、「成績が上がったらご褒美ちょうだい」というように、考えたり、勉強したりしたことに対して対価を求めてしまう。対価のないものに対しては努力しようとしない悪癖がついてしまっているのだ。

もう一つは試験のために勉強しただけだから、試験が終わると見事に忘れてしまう。だからせっかく勉強したことが何も残らない。この点において、日本人は天才的だ。そもそも学校で教わるのは最初から答えのある問題だけだから、ほとんどの日本人は考えるというトレーニングをまったく受けたことがないのである。

このことは、日本人が二一世紀の新しい経済の中でビジネスを展開するときに、非常に大きなハンディキャップになっている。新しい経済は、ニュートン力学のように方程式に当てはめれば簡単に答えの出る世界ではない。複雑系の世界であり、あらゆるものに正しい解のない世界だからだ。しかし我々は否応なく新しい経済に組み込まれ、そこで起こる劇的な変化から逃れることはできないし、これまで経験したことのないような厳しい戦いを勝ち抜いていかなければならない。だからこそ、日ごろから思考力を鍛練し、論理的思考という武器を手にする必要があるのだ。

終身雇用や年功序列、社長と平社員でもあまり格差のない収入……こうした日本企業のシステムは完全に崩壊してしまった。ビジネスマンの年収も今や格差一〇〇倍の時代を迎えている。四五歳を一つの通過点として見たときに、ある者は年収五億円、ある者は年収五〇〇〇万円、その他大多数は年収五〇〇万円という時代が訪れている。今後はさらに格差が広がって、年収三〇〇万円の時代になるかもしれない。

黙っていても四五歳になれば一〇〇〇万円近い年収を得られるような世界は、もはやどこにも存在しないのだ。

しかし、だからといって臆してはいけない。今、あなたの目の前には広大な新しい世界、見えない大陸が広がっている。この大陸では人の一〇〇倍の収入どころか、グーグル（Ｇｏｏｇｌｅ）やイーベイ（ｅｂａｙ）のようにわずか数年で株価の時価総額が一兆円を超す企業を生み出せるチャンスもある。その格差を生み出すものこそ、本書で示したビジネスの思考回路だ。

人の二倍考える人間は一〇倍の収入を得ることができる。三倍考える人間は、一〇〇倍稼ぐことができる。そして一〇倍考える人間は、時価総額一兆円企業の創業者になれる可能性もある。それが、今すでに始まっている新しい世界の法則なのだ。

もちろん人にはそれぞれの目指す人生というものがあるから、すべての人に一〇〇倍の年収を目指せとは言わない。だが、どのような人生を選択するにしろ、新しい世界では知的に怠惰な人間は生き残っていけないということだけは指摘しておこう。

見えない大陸は、冒険と危険に満ちている。この大変革の時代を生き抜くには、これまでの思考パターンを根本から改めなければならない。読者諸兄が本書によって新しい思考回路を身につけ、新しいビジネス世界の荒野を切り開いてゆく開拓者となってくれることを期待する。

考える技術

目次

装幀——川上成夫
装画——古川タク

第１章

思考回路を入れ替えよう

経営コンサルティングに学ぶ論理思考

本当の解決策を生み出すための思考回路

私たちは仕事の中で、あるいは社会生活の中で、ありとあらゆる問題に直面する。その問題を解決するために、私たちは何をするだろうか。そう、まず最初に「どうすれば問題が解決できるか」を考えるはずだ。しかしほとんどの人は、問題解決のために何をどう考えればいいのか、その方法を知らないように見える。問題解決のための思考回路ができていないからだ。

実際にはろくに考えもせずに、たんなる「思いつき」でしかないことを解決策と称している場合も多い。しかも驚くべきことに、そんな思いつきが仕事や経営の問題解決策としてまかり通っているのだから恐ろしい話である。

「そんなことはない。自分の経験からいって間違いない」と反論する人もいるかもしれない。では、「どうしてそれで問題が解決できるのか。その論拠を示してほしい」と言われたときに、あなたは答えられるだろうか。さらに「あなたが前提としているのは、じつは仮説でしかない。その仮説を実証するだけの証拠はありますか」と問い詰められたときに、その証拠を示すことができるだろうか。

「やってみなければわからない」「たぶん、これで大丈夫だと思う」というレベルのものは、解決策とは呼べないのである。

しかも、過去のビジネスモデルがことごとく通用しなくなった今の時代に、過去の成功体験ほどアテにならないものはない。逆に、その固定観念こそが困難な問題を生み出している場合も多いのだ。

問題解決の根本にあるのは、論理的思考力である。問題解決のみならず、先見性とか直感と呼ばれるものも、じつは論理的思考があってこそ生まれる。ところがほとんどの日本人には論理的思考の癖がついていないため、問題解決のための思考回路が抜け落ちている。こうした思考回路の欠如は政治や経済を含めて日本の将来を危うくするし、ビジネスマン個人にとっても、それで新しい時代を生き抜くことは不可能である。

変化の激しい時代には、企業はつねに解決しなければならない問題に直面することになる。あなた個人も、仕事だけでなくあらゆる生活の場面において、さまざまな問題に直面するはずだ。それをどのように解決していくか。真の意味での解決策を導きだす思考回路を持たなければならないのである。

「当たり前のこと」ができない日本企業

残念ながら、多くの日本企業は深刻な問題を抱えているにもかかわらず、自ら解決策を見出し、断固たる決意をもってそれを実行する力を失っているのが現状だ。

抱えている問題を解決するためには、問題がどこにあるのかを分析して原因を解明し、それを解消しなければならない。それは論理的に考えれば導き出せるものなのだが、日本の経営者のほとんどはこうした思考回路を持っていない。私の目からみれば当たり前のことが、なぜか日本企業の中では見逃されてしまうのだ。それどころか、自分の立場や派閥の利益といった、問題解決の上では逆効果でしかない思考回路がまかり通ってしまうケースも珍しくない。

日産自動車はカルロス・ゴーン氏を経営トップに招いて業績を見違えるほど回復させ、二〇〇三年度の決算では史上最高の収益をあげた。ゴーン氏は今や経営の「神様」として奉られ、日本国から藍綬褒章までもらっているが、私に言わせれば彼は当たり前のことをやったにすぎない。「利益が上がらないのは製造コストが高すぎるからだ。製造コストを下げなさい」「人件費をカットするためにリストラをしなさい」。ゴーン氏がCEOになった当時の日産が置かれた状況からすれば、当然すぎることである。なぜ日本の経営者にはこんな当たり前のことができないのだろうか。

私はマッキンゼー時代から今日に至るまで、数千件に及ぶ経営コンサルティングの仕事を手掛けてきた。企業が経営コンサルタントに仕事を依頼するのは、その企業が自分では解決することのできない問題を抱えているからに他ならない。だから皮肉な言い方をすれば、経営コンサルタントが繁盛するのは企業に問題解決力が欠けている、つまり問題解決のための思考回路がないからだとも言える。そして私は論理的思考に基づく独自の問題解決のノウハウを用いて、企業が自分で解決できないあらゆる難題に対して、すべて解を導き出してきたのである。

とはいえ、コンサルタントにできないこともある。それは「実行」だ。これは当事者である会社の社長がやらなくてはならない。ゴーン氏について言えば、やった内容もさることながら「実行」を徹底したことに注目したい。この点に関してこそ彼は特筆されるのだ。

では、実行力あるトップを前提とした大前流「問題解決のための論理的思考法」とはどのようなものなのか。私がこれまでに編み出してきた経営コンサルティングのノウハウを通して、その具体的な方法を皆さんにお伝えしたいと思う。なぜならそこで用いられる論理的思考法は、経営者のみならず、社内の企画チームなどすべてのビジネスマンに有益なものだからだ。

仮説と結論を混同するな

経営コンサルタントの仕事は、業界のデータや顧客である企業のデータを分析することから始まる。

その分析した結果をもとに、仮に「この業界は衰退業界なのではないか。成長率が鈍化してきている。したがって、あまりお金のかかる投資は新商品開発も含めて控えるべきだ」と考えたとしよう。しかし、ここで注意しなければならないのは、「この業界は衰退業界である」というのがあくまでも仮説であって、結論ではないということだ。だから「投資を控えるべきだ」と言うためには、衰退業界であるという仮説が正しくなければならない。仮説が正しいと言えるためには、どんな証拠を集め、その証拠をどう分析すればいいのか。それが問題となる。

データを分析して出てくるものは仮説にすぎないのだが、日本のほとんどの経営者やビジネスマンは、その仮説を結論だと思い込んでしまう。そこで「結論を得た」と思って安心し、仮説を裏付けるだけの証拠収集や、本当の結論に至るまでの論理的思考を怠ってしまうのだ。

身近な例として、和服の業界について考えてみよう。着物のマーケットは年々縮小し、この二〇年間で一世帯当たりの婦人用着物の支出額は半分以下に減っている。今後少子化が進めば、マーケットはますます縮小していくことが予測される。このデータだけを見れば着物業界が衰退業界であることは間違いないだろう。

ところがここで結論づけず、さらにデータを分析して「売上高そのものは落ちているが、単価の安い夏の浴衣の販売点数は減っていない」「浴衣の購買層の中心は、若い女性である」という結果を得たとしよう。また、他の分析からも「若者の〝和風〟に対する関心が高まっている」ことがわかったとしよう。そうすると、「たしかに着物は衰退業界ではある。しかし、若者を中心に潜在的な需要はある」という別の仮説が立てられることになる。

そうしてさらに仮説を立て、データを収集・分析していくことで、「高級和服の新作に力を入れるよりも、若者向けの新しいタイプの着物を開発すべきだ」とか、「新しい分野として、着物のリサイクルを新事業として立ち上げるべきだ」といった、最初の仮説とはまったく異なる結論に至るケースもあるわけだ。

重要なのは、「仮説」ではなく「結論」を導き出すことである。経営コンサルタントの中には、仮説でしかないことを「結論」として示し、「この問題を解決することは非常に難しい」というのが「提言」だと勘違いしている人間もいるが、こんな馬鹿げた話はない。「着物業界は衰退しているので、売上を伸ばすことは非常に難しい」などと、問題に対して何の解決にもならない提言を行ったところで、まったく時間と労力の無駄でしかないのである。いかなる問題にも解決策は必ずある。もちろんそれは「業界から撤退する」「身売りをする」といったことも含めての話だが、解決策のない問題など存在しないのだ。

現象と原因の違いを認識せよ

仮説を証拠で裏付け、結論を導き出すうえでもっとも大切なのは、「その問題の原因は何か」を明確にすることである。ところがほとんどの経営者やビジネスマンは、問題として見えてくる現象にばかり目がいってしまい、原因の解決に至らないという思考パターンに陥っている。

現象はあくまでも現象にすぎず、原因ではない。この当たり前のことがなかなか理解できないのだ。

たとえば、ある商品について「売上が伸びない」という問題があったとしよう。その理由としては、「営業マンに元気がない」「製品が悪い」「価格が高い」など、いくつかのことが考えられる。私がコンサルティングの依頼を受け、その会社の営業の現場などに足を運んで話を聞いていくと、ほとんどの場合、現場の人間は原因としてそうしたことを挙げる。「営業マンのモチベーションが下がっている」「値段が高すぎて売れない」「そもそも製品の品質が悪すぎる」。

しかしこれらは原因ではなく、現象（結果）にすぎない。実際には原因はこの中のいずれか一つであって、他はそのただ一つの原因から生じている場合が多いのである。

原因になっている部分を直さないかぎり、問題の解決は望めない。大切なのは「さまざまな現象の中で本当の原因は何か」を考えることなのだ。現象を数え上げるだけで思考を停止させてしまってはいけない。

営業マンに元気がないからといってみんなで車座になって飲み会をやる。そこで愚痴を言い合って、「じゃあ、明日から頑張っていこう！」と気勢を上げてみたところで、製品そのものに問題があるとしたら、まったく何の解決にもならないことは明らかだ。

最悪なのは、すべての現象を個別に改善しようと考えてしまうことだ。つまり営業マンにハッパをかけ、価格は下げ、なおかつ製品の品質を良くしようとすることである。しかし、価格を下げて製品の品質を高めれば、利益が出なくなって自殺行為になるし、尻を叩かれ続ければ社員は疲れ切り、モチベーションがどんどん下がっていく。原因を明確にしないまま現象を改善しようとして、かえって業績が落ち込む。すなわち負のスパイラルに陥ってしまうのである。解決策を出すことを急ぐ前に、まず原因を明確にするための思考回路を働かせなければならないのだ。

「すべてに頑張れ」という考え方は間違いだ

では、どのようにして原因を明確にするか。

たとえばオフィス機器の販売をしているA社が「マーケットシェアが低い」という問題を抱えていたとする。問題の原因を探るために、まずA社のデータと業界のデータを収集して分析してみたところ、仮に「A社のマーケットのカバー率は七割ある」「A社の入札時の競合勝率は二割である」ことがわかったとしよう。

この数字が意味するのは、マーケット全体の入札件数が一年間に一万件あったとして、その七割を自社の営業マンがカバーした、つまり事前に察知していた。しかし入札をしたときの他社との競合勝率がたった二割しかないために、結果としてマーケットシェアが一四%（マーケットのカバー率七〇%×競合勝率二〇%＝一四%）しか取れていなかったということだ。ということは、けっして営業マンに元気がないわけではない。

ここで、私ならこう考える。「営業マンは元気を出せ」とハッパをかけて、たとえカバー率を七割から八割に上げたとしても、競合勝率が二〇%のままでは、八〇%×二〇%で一六%にしかならない。一四％のシェアは二％しか増えないわけだ。

ところが競合勝率を仮に五割にできたとしたら、カバー率は現状維持のままでもシェアは三五％にまで上がる（カバー率七〇％×競合勝率五〇％＝三五％）。それまでのじつに二・五倍だ。カバー率を上げるのと競合勝率を上げるのと、どちらがより良い選択肢であるかは明白だろう。

それがわかれば、次の段階では競合勝率についてより詳しいデータを収集し、分析する。営業マンは競合勝率を上げるための時間を十分に取っているのか。競合他社の動向を調べ、価格をきちんと分析したうえでお客さんに提示しているのか。もしカバー率を上げるために営業マンが疲れ切っているのなら、カバー率をむしろ落とすことを考えてもいい。「カバー率は六〇％でいいから、競合勝率を五〇％に高める」ことを目標にすれば、それを実現したときには今の倍以上の三〇％のシェアを取れることになるからだ（カバー率六〇％×競合勝率五〇％＝三〇％）。

「足を棒にしてマーケットをカバーしろ」「入札した以上は勝て」などと、すべてに対して頑張れという経営者も多いが、その考えは明らかに間違っている。このケースでは、営業マンには「足を棒にして歩くのはやめなさい。必ず勝てる提案書を書きなさい」と言うべきなのだ。

本当の原因を探るフィールドインタビューの技術

では、A社の競合勝率を上げるにはどうすればいいのか。間違った経営者は、「勝率を上げるためには製品を良くして値段を下げろ」と言う。しかし、そんなことをしたら利益が出なくなって、ますます経営は悪化してしまう。

ここはまだ解決策の結論を出す段階ではない。その前に、競合勝率が低い原因は何か、商品の問題なのか、それとも値段に問題があるのかを明確にすることが必要だ。先に述べたように「何が現象で、何が本当の原因なのか」を知るためである。

私ならどうするか。まず地域別、営業マン別に、競合したときの勝率が変わるかどうかをデータを集めて分析する。A社に全部で五〇〇人の営業マンがいたとすると、その五〇〇人が入札した履歴を全部見るのである。その結果、「地域によってバラつきはないが、営業マンによっては八割勝っている者もいる」というのであれば、商品が悪いわけではないことがわかる。もし商品が悪ければ、営業マンが八割も勝つことはまずありえないからだ。もちろん八割勝つ人間が全国に一人しかいないのなら話は別で、その営業マンはよほどの天才か策士か、裏に何か事情のある人間だから、特例として見るべきだろう。

この事実がわかったら、私はその瞬間に現場に出ていってフィールドインタビューを行う。対象は営業所長ではなく、最前線の営業マン。管理職に話を聞いたところで、巧みな言い訳や愚痴が出てくるのがおちで、営業の現場を知るうえでは何の役にも立たないからだ。

このとき営業所長には、私から向かって右側に勝率の非常に高い営業マン、左側に勝率の低い営業マン、真ん中に平均点の営業マンを座らせるようあらかじめ頼んでおき、三人一組でインタビューを行う。誰が成績が良く誰が悪いかを知ったうえで、「あなたはこの商品をどうやって売っていますか」と彼らに質問することで、売っている営業マンと売っていない営業マンの違いがわかるからだ。じつはこの段階で、すでに原因の分析と同時に改善策を見つけるためのインタビューになっている。

当の営業マンたちはその並び方に意味があることを知らないから、売れない営業マンもじつに論理的にもっともらしい話をする。私の経験から言うと、往々にして営業成績の悪い営業マンほど「いかに商品が悪いか」という説明がうまいものだ。たとえば「使っているときの音がうるさい」とか「製品のサイズが今のオフィス事情に合っていない」という具合に、売れない理由を滔々と述べる。しかし、それは彼らが普段お客さんに言われていることであって、客の不満を商品が売れない言い訳にしているにすぎないのである。

一方、売れている営業マンは言い訳をしない。「たしかに音はしますが、仕事中はオフィスの中が騒然としていますから、机のすぐ隣に置くのでなければまったく気になりませんよ」とか「他社の製品はどうですか？　このクラスだとかえってうちの製品のほうがコンパクトなんですよ」などと、すぐに切り返せる営業トークを持っているものなのだ。

もし彼らの営業成績を知らずに漫然と話を聞いていたら、売れない営業マンの「言い訳」を「現場の声」として鵜呑みにしてしまい、とんでもない結論を出してしまうことにもなりかねない。

絶対に必要な検証のプロセス

こうしたフィールドインタビューを行うために、私は足を棒にして全国を歩く。フィールドインタビューは、大都市型の場所や郊外型の場所、田舎型の場所というようにタイプを分けて行う。そうすると、売れる人間と売れない人間の違いが何かが、非常にはっきりわかってくるからだ。

ここで確認しておきたいのは、「売れない原因は少なくとも商品ではない」というのは、この段階ではまだ「仮説」にすぎないということだ。この仮説は「商品に原因があるのなら、八割勝つ営業マンがいるはずがない」ということが前提になっているが、実際に現場を歩き、インタビューすることで、検証というプロセスを踏むことができる。そして結論を裏付ける結果が得られれば、仮説を結論とすることに信念を持てるようになるのである。

と同時に、営業マンの多くが八割勝てるようにするにはどうすればいいのか、どんな訓練をし、システム的にどんなサポートをすればいいのかということを考える。これは、次の段階である解決策の提案のために必要な作業だ。

フィールドインタビューは、全国をぐるっと回って一ヵ月ほどかかる。私がすべてを回りきれない場合には、インタビューの段取りを指示したガイドを作り、スタッフと手分けして全国を回る。こうしてインタビューが全部終わる頃には、現場の問題がほとんど手に取るようにわかり、経営者も知らないような生の情報を手にすることができる。

この例でもわかるように、コンサルタントという職業は、組織をピラミッド構造にすると失敗する。組織のトップが椅子に座ったままで、下に現場を見てくるように指示を出すだけでは、現場の本当の姿が見えないからだ。私の仮説に対するひらめきは、現場で話をしているときに生まれることが多い。したがって、少なくとも十分な仮説が出てくるまでは、自分が現場に出なくてはならないのである。それを定量化するのにスタッフを使うことはできるが、仮説そのものを導き出すのを部下に頼ってしまっては価値あるものが出てこない。じつは、これはコンサルティングだけでなく、企業の経営にも言えることだ。

問題の中には、ある程度情報の分析だけで結論が見えてくるようなものもたしかにある。しかしその場合でも、結論を出す前に必ず現場で実証することが必要だ。そして、自分の感覚で「この結論で絶対に間違いはない」という信念を持つまでは、足を棒にして歩かなければならない。実際に私は、企画室の中で数字を見ながら結論を出したことは一度もない。

こうしたフィールドインタビューは、問題解決に必須なだけではない。あらゆる論理的思考の基になる大切なものなのだ。

解決策にならない結論は、結論ではない

こうしてフィールドインタビューを積み重ねた結果、仮に「売上が伸びないのは、商品ではなく売り方の問題である」、しかも「売り方が悪いのは、営業マンに対するトレーニングに問題があるからだ」という結論に達したとしよう。

しかし私のコンサルティングでは、これはまだ「結論」とは呼ばない。求められているのは、「どうすれば問題が解決できるか」。その解決策を導き出すことだからだ。経営コンサルタントの中には、「営業マンの教育に力を入れるべきである」などと漠然とした文言をあたかも解決策のように言って平気な顔をしている者もいるが、これではプロ失格である。

A社のケースでは、全国から競合勝率の高い「売れる」営業マンを指名して、他の営業マンのトレーニングをしてもらうのが最善の方法である。全国には最低五人はこうしたトレーニングができる人間がいるはずだから、私の場合、トレーニングの指導を行うメンバーの選定から、トレーニング方法、社内のシステム作りまでを解決策として提案する。フィールドインタビューで実際に売っている人間の話を聞き、「この営業マンと同じ売り方をすればいい」ということがわかっているからこそできる提案だ。

これをたんに「営業マンの再教育が必要だ」と言ってしまうと、会社側は往々にしてトレーニングを会社の教育係に任せてしまい、営業のときの挨拶の仕方とか「直接目を見るといけないので、ネクタイの襟元を見ながら話しなさい」といった、馬鹿なことばかり訓練しかねない。こんな訓練は、商品を売るうえでまったく関係がない。これではせっかく「売り方に問題がある」という正しい結論に達しても、まったく売上の改善にはつながらないのである。

もう一つ、私がよく行うのは営業マンに同行してみることだ。フィールドインタビューの中で気になることがあったら、「ところで、明日の予定はどうなっていますか?」と聞き、自分の明日の予定をキャンセルしてでも、一日その営業マンに同行させてもらうのである。鞄の中でカセットテープを回し、彼がお客さんとどんな会話をしているのか、お客さんがどんな反応をしているのかをチェックする。そうすると、それまでわからなかったことに気づくことが多い。

成績の悪い営業マンに同行してみると、手帳には訪問回数が一日七件などと書いてあることがある。おかしいと思っていると、案の定、実際には一日に四件訪問するのが精一杯で、「ふだんは営業件数を水増しして報告してるんじゃないの?」ということがわかったりする。

ときにはこんなこともある。ある会社の営業マンと川崎駅前で待ち合わせ、車で営業先に向かったときのことだ。営業マンが私を助手席に乗せて走り出したのはいいのだが、駅周辺の一方通行の路地にはまってなかなか抜け出せない。「あれっ、おかしいな。あれっ」などと言いながら、同じところをぐるぐる回っている。結局、「すみません、大前さん。ここで降りて歩いてもらってもいいですか」と、車を駅の近くに置いて歩いていくハメになった。こんなケースはふだん営業をサボっている証拠である。

つまり駄目な営業マンは、まともに入札もしていないし、まともに営業先にも訪問していない。こういう営業マンにはいくら売り方のトレーニングを指導しても無駄だから、「営業成績の下位一〇〇人はクビにすべきだ」とか「固定給をやめて成果主義を導入すべきだ」という結論になることもある。

このように、「こうすれば問題は解決する」という提案までできなければ、真の問題解決とはいえない。しかもその解決策は、すべて現場、マーケットから生まれてきたものでなければならない。現場を歩かずに数字だけを見ていると、「営業マンが足りないから増員すべきだ」「競争相手と比較すれば、営業マンは四〇〇人でいけるはずだ。だから一〇〇人はクビにすべきだ」という話しかできなくなる。しかしこれでは、現場から反対意見が出たときに説得することができない。その結論を支えるだけの証拠がないからだ。その点、フィールドインタビューで検証を積み重ねていれば、すぐに根拠を提示することができるのである。

では、この例を練習問題にして、さらに突っ込んで考えてみることにしよう。

練習問題

「価格の設定が悪いことが、売上が伸びない原因である」という仮説が出てきた。あなたはどうしますか？

価格設定が悪いのだから、価格を下げて売れるようにすればいい……などと、簡単に結論を出してはいけない。それでは「価格を下げて、利益は出るの？」という質問に答えられないからだ。あるいは「適正な価格で売ればいい」という漠然とした答えをした人は、「じゃあ、適正な価格はいくらなの？」という質問に答えなければならない。

この場合、ある種の実験をしてみなければ、結論を出すことはできないのだ。

実験計画法で価格弾性値を知る

私なら、まず実際に特別値引きの申請が課長まで届いているようなケースを全部チェックする。値引きをしたときの競合勝率と値引きしなかったときの競合勝率に、大きな違いがあるかどうかを見るためだ。すると、五％値引きしたときの勝率が何割、一〇％値引きしたときの勝率が何割というような、値引き率と勝率の関数のカーブを描くことができる。

価格の変動に応じて販売数量がどれだけ変化するかを表す指標を価格弾性値というが、それを見ることで「ここまで値引きをすると急激に勝率が上がる」というラインがわかる。過去の勝率を見れば、値引きによって本当に勝てるのかどうか、値引きしても利益を確保できるのかどうかを検討することができるわけだ。

そのうえで次の一ヵ月間、実際に値段を変えてみて競合勝率がどれだけ変わるのか、計画的に実験を行ってみる。科学でいう実験計画法である。

実験の結果、たとえば「あと五％値引きすれば勝率が上がる」のなら、値引きを検討してもいい。売上増の結果得られる限界利益（売価から変動費を差し引いたもの）の総和が増すことを確認できれば、これで利益も増えることになる。しかし「五〇％値引きしなければ勝てない」というのでは、当然、売上高が増しても利益は出ないから自殺行為になる。

さらに詳しく見ていけば、競合したときの相手や地域によっても、価格弾性値は違ってくるはずだ。たとえば「競争相手がB社なら値引きをしないでも勝てる」とか、「C社が相手だとかなり値引きをしないと競合勝率が悪いので、時間の無駄になる」といった、細かいデータをとることも可能となる。

場合によっては、「値上げしても勝率があまり変わらなければ、値上げによってかえって収益がよくなる」ということもある。仮に五％値上げしても競合勝率は五％しか下がらないのなら、後者も選択肢の一つだ。たとえばもとの値段での粗利が二五％の商品なら、五％の値上げによって粗利は二〇％増えるからだ（価格一〇〇〇円の商品なら、粗利は二五〇円から三〇〇円へと五〇円増える。率にして二〇％のアップ）。したがって、たとえ売上が五％減っても、利益は相当上がるはずだ。

こうしたデータ分析やフィールドインタビューによる調査、実験によっても仮説を十分に実証できなかった場合、不十分と思われる点についてさらに新たなデータを収集・分析し、調査や実験を行う。そうやって「この結論は絶対に間違っていない」という信念が持てるようにしなければならない。

科学的思考のすすめ

MITで学んだ科学的アプローチ

問題解決に至るまでには、仮説、検証、実験が無限に繰り返される。このプロセスは、じつは私がマサチューセッツ工科大学（MIT）の大学院で行っていた、さまざまな原子炉の実験プロセスとまったく同じである。

科学論文の最後には必ず「結論」があるが、それは実験によって検証されたものでなければならない。他の人間に不備を指摘されないように、「これだけの実験をしているから絶対に間違いない」ということがわかるようにするわけだ。

私はもともと科学者である。早稲田大学理工学部の応用化学科一年のときに石油化学の未来に見切りをつけ、独学で原子力を学んで東工大大学院原子核工学科に入った。そして修士課程を終えたときに英語で書いた修士論文が認められ、MITの大学院に授業料と生活費を給付されるという条件つきで合格したのである。

東工大の大学院もMITの大学院も、原子力研究をしていることに変わりはない。ところが私は渡米してすぐに、日米の研究のギャップに驚かされることになった。

まず痛感させられたのが、アメリカの原子力研究のレベルの高さである。MITには一三〇名のクラスメートがいたが、その中にはアメリカ海軍で原子力潜水艦の乗組員をしていた者も数多くいた。彼らは優秀なだけでなく、原子炉の現場を熟知していた。そんな連中を相手にするだけに、MITの講義は極めて実践的だった。

ほとんどの場合、彼らは原子炉の操作法が染色体にまでしみこんでいるかのような思考と発言をする。原書を輪読して勉強した気になっている日本との差は歴然としていた。東工大ではアメリカの研究を解釈しながら講義が進み、すべて抽象的な数式に始まり数式に終わる理論研究に終始していたのだ。数式に必ず具体的な数字を当てはめて考えていくMITの実務研究との差は明らかだった。

そして何より困惑したのは、MITでドクター（博士号）試験を受けたときのことだった。入学してすぐに過去のドクター試験の問題を見たところ、とても簡単そうだったので、私はすぐに試験を受けることにした。すると、答えは全部合っていたにもかかわらず、見事に落とされてしまったのである。ドクター試験は二回落ちると退校処分になってしまうので、私は大きなショックを受けた。

試験問題は「月の上に架空の原子炉を作り、それに地球上と同じ仕掛けのカドミウムの制御棒を突っ込むと、停止までに炉心の温度は何度上がるか。これは安全か」という内容だった。炉心の上昇温度を計算するのはかなり難しかったが、私は「二・八度上昇。この数字なら安全だ」と解答した。二・八度という数字は正解で、受験した学生の中で正しく計算ができたのは私だけだった。にもかかわらず、なぜ不合格だったのか。

その理由を先生に聞くと、「数字が合っているだけで思考のプロセスがはっきりしていない。これはエンジニアとしてもっとも危険だ」という返事だった。一方、合格した学生たちは、数字は違っていても「安全かどうか」について論陣をはり、なぜ重力の小さい月の上で地球上と同じやり方をすると危ないのか、どうすればより安全になるのかという思考プロセスを解答用紙に書き込んでいたのである。

実際の社会では、論理的思考力があれば答えはいつでも出てくる。時間は十分にあるし、コンピュータも使えるからだ。ところが「論理を軽視し答えを出そうと必死になって、そのために多くの時間を使うのは危険だ」というわけである。

日本の試験では方程式に当てはめて、答えが合っているかどうかが試されるが、アメリカでは方程式そのものをゼロから導き出す力が問われる。私は一から勉強をやり直さなければならないことをこのときに痛感したのだった。

それからの私は、嫌というほどさまざまな実験を行い、論文を書くことに熱中した。そして結果的に同期のクラスメートの中で一番早い二年九ヵ月というスピードで博士号を取得することができたのである。

ＭＩＴで学んだ論理的思考があったからこそ、その後の私がある。頭の中で思考回路を組み立てる方法は、その後の私の人生のあらゆる場面で役立っているからだ。

人生二度目の「オールクリア」

ＭＩＴで博士課程を修了した後、私は日立製作所に入社。日立工場原子力開発部炉心設計課に配属された。しかし、当時原子力開発を行っていた動燃（動力炉・核燃料開発事業団。現・核燃料サイクル開発機構）や東京電力などは、ＧＥ（ゼネラル・エレクトリック）のお墨付きのない技術の採用に難色を示していたため、日立は自力開発をあきらめ、ＧＥからの技術導入を決定した。私たち設計スタッフは自分たちの技術に自信を持っていたので猛反発したが、結局、聞き入れてはもらえなかった。

こうして私は「日本人の設計による日本独自の原子炉を作る」という夢が実現不可能なことを知り、入社二年目の一九七二年に日立を退社した。このとき私は二九歳。石油化学から原子力へと鞍替えしたときに続く、二度目の大きな「オールクリア」だった。

一度目のオールクリアのきっかけは、大学一年の秋の学園祭で石油化学に関する研究発表をクラスで行う準備をしているときだった。石油についていろいろと調べている過程で、「このままでは石油資源はあと三〇年で枯渇してしまう」というアメリカで発表された研究論文を発見してしまったのだ。石油資源が三〇年で枯渇する――それなら、自分は有力な代替エネルギーである原子力を勉強しようと決意したわけだ。

ところが現実には、それから四〇年以上たった今も石油は枯渇することなく掘り続けられている。石油資源が枯渇するという誤った仮説を掲げた論文を信じてしまった、私の完全な判断ミスだった。

当時の私は、「原子力発電で日本や世界のエネルギー問題を解決すれば世の中に役立つ」と考えていて、「原子力発電所を作ろうとすると住民に石を投げられる」ことなど想像だにしていなかった。

それでも自分で判断し、自分で納得して選んだ道だったから、私は少しも後悔はしていない。間違いとわかれば、すぐにオールクリアしてまたやり直せばいいのである。自分の立てた仮説が間違っていたら、新たな仮説を立ててスタートすればいい。人生を悔やんでばかりいることは、間違った仮説に固執し続けているのと同じで、まったく無意味だと思う。

そんな私がマッキンゼー&カンパニーに入社することになったのは、本当にひょんなことからだった。当時の私は、MITの教授から熱心に研究室への復帰を求められていたし、声をかけてくれた企業も何社かあった。日立社内でも研究所や国際部から誘いを受けていた。

ところがある日、たまたま英字紙の「ジャパン・タイムズ」を何気なく読んでいたときに、

「ケミカルエンジニア募集」という広告を目にしたのである。軽い気持ちで連絡を取ってみたのだが、相手の会社はじつはヘッドハンターで、私の履歴書を見ていろいろな会社を勧めてきた。その一つがマッキンゼーだったのだ。

マッキンゼーはその一年前に東京事務所を開設したばかりで、私もヘッドハンターも、給料が高いこと以外はマッキンゼーのことをほとんど知らなかった。私はコンサルタントといってもエンジニアリングのコンサルタント会社だろうと勘違いしていたし、ヘッドハンターが勧めたのも「給料の高いところに入ればそれだけ高い手数料が入る」という理由だけだから、じつにいい加減な話である。

しかし私は、どんな会社かわからないということに逆に魅力を感じ、面接を受けてみることにした。もちろんずっと原子炉の設計ばかりをしてきた人間だから、経営のことなど何も知らない。面接のときに「えっ、エンジニアリングのコンサルタントじゃないんですか？」「経営コンサルタントって、何をするんです？」と質問したくらいだ。

ところが、どういうわけか結果は合格だった。後でわかったのだが、八人の面接官のうち七人までは採用に保留または反対だったという。しかし残りの一人が強力に推したため、「何か突出したものを持っている人材は採用せよ」というマッキンゼー流のやり方に従って採用が決まったらしい。

当時のマッキンゼーはすべての人がマルをつける人は採らなかった。二重マルが数人でもいれば、バツ（反対者）がいても採る。一人または二人がとくに熱狂的に推す人物は採用する、という伝統もあった。私の場合には、イギリスから来ていたマイケル・ホーガンという人だけが「特二重マル」だった。彼は今日に至るまで、そのことを誇りに思っているとイギリスで語っているらしい。先日もその話を彼の友人と名乗る人から聞いたばかりだ。

こうして、ホーガン氏のおかげで私は再び人生を「オールクリア」し、新たな一歩を踏み出すことになったのである。

経営分析も科学も論理的思考法は同じ

入社はしたものの、私は右も左もわからないズブの素人である。最初は経済用語も何もチンプンカンプンで、お金の動きを原子の動きに置き換えて理解していたほどだ。

しかし、私はマッキンゼーでの仕事になぜか違和感を感じなかった。私が入社してすぐに組んだマネジャーは三年先輩のアンガス・カニングハムという男だったが、彼の論理的思考の方法と私の科学的な思考方法がうまい具合にマッチしたからである。振り返ってみれば、最初に彼と一緒に仕事をしたことは、私にとって非常にラッキーだった。

カニングハムはイギリスの名門校イートンスクールからケンブリッジ大学に進んだ典型的なエリートで、論理構成やポイントの分析などが非常に徹底していた。普通の会話をしているときでも、私が何か言うと必ず「その証拠は何だ」「お前はどんな分析に基づいてそう言うのか」「どうしてその結論になるのか」と突っ込んでくる。私は他の社員の仕事のやり方を知らなかったので、「これがマッキンゼー流のやり方なのだろう」と思っていた。しかし後で知ったのだが、じつはまったくそうではなかったらしい。

その一〇年後に、プライベートでカニングハムと食事をしたことがある。そのとき彼はすでにマッキンゼーを退社していたが、やはり同じような話し方をしていたから、たんに癖というか、そういう性格の男だったのだろう。

しかしそうしたカニングハムの癖が、私にとっては幸いした。なにしろ私はもともとエンジニアだから、理詰めで考え、論理構成していくことは得意中の得意だ。カニングハムの言うことは非常に理解しやすかったし、それを経営的に応用するのもスムーズだった。経営の「け」の字も知らずにたまたまマッキンゼーに入社してしまったが、「なんだ、これなら科学と変わらないじゃないか」と、やっていける自信が持てたのである。

顧客からもらってきたデータや業界のデータを分析し、プロットして仮説を立てる。その仮説を導き出すためにはどんな証拠を集め、その証拠をどう分析すればよいのか。私はカニングハムと一緒にいた半年間に、こうした論理的思考をもとに膨大な量の経営分析をこなしたのだった。

事実を積み重ねることの重みを知る

まだ三〇歳そこそこで、しかも経営コンサルタントとしてもズブの素人の私が、六〇歳を超える企業トップに提言をするのは、今にして思えば恐れ多いことだ。しかし、仮説、検証、実験の繰り返しで「絶対に間違いがない」結論を出して提案しているから、私は父親ほども年上の経営者を前にしてもまったく臆することはなかった。とくにフィールドインタビューによって得た事実の積み重ねは、大変な重みを持っていた。

膨大なデータと積み重ねられた事実をもとに極めてシャープな結論を出し、提言する。過去のデータを見せながら、細かい提案まですぐに出せる。何しろ経営トップよりも直近の現場のことを知っているし、それを裏付けるデータに基づいた提案だから、相手はぐうの音も出ないのである。

こうして気がついてみると、私は入社してからの二年間で二〇〇〇件ぐらいの分析を行っていた。最初のうちは一人で分析を行っていたが、すぐに体が一つでは足りなくなったので、コンサルティングを依頼してきたクライアントの会社からスタッフを出してもらい、三〇人ほどでチームを組んで作業するようになった。

まず私が仮説を組み立て、その証拠となるようなデータをスタッフに集めてもらい、さらにその分析を指示する。私はチームリーダーとしてそのプロセスを描くわけだが、「これをやったら次にこれをやる」「この分析がこうなったらプロセスAに進み、そうでなかったらプロセスBに進む」といった感じだ。あたかもブランクチャート製造機のように、仮説を立ててはひたすらブランクチャートを書き続け、その空白をスタッフに指示して埋めてもらう作業を続けた。「縦軸をこのようにプロットして、横軸はこう」「結論はこうやって出してくれ」と、データの取り方やプロットの仕方まで次々に指示していったのである。

フィールドインタビューについては、同じ会社の人間が行うとその社員の思い入れが出てしまったり、社内の人間関係に影響されることもある。また社員相互のプライバシーにも係わってくるので、私が自分で行うか、さもなくばインタビューの方法を指示してマッキンゼーの人間に任せるようにしていた。

私は同じことを二度やるのは嫌いな人間なので、そのうちに一度やった仕事については誰でも同じような結論が出せるようマニュアルを作るようにした。セールス・フォース・マネジメント（SFM）、製品市場戦略（PMS）、収益改善計画（PIP）というように、項目別に細かく分類しパッケージを作ったのである。同じタイプの仕事がきたときには、マッキンゼーの別のスタッフにこのマニュアルを渡し、「このやり方でやれ」と指示をする。同じタイプの分析であれば、すぐにそれを使って仮説・データ採取・分析・提言ができるからだ。

こうして私は、入社二年後には顧客企業でコンサルティングの大きなチームを指導できるようになっていた。そしてこのときに開発した数々のパッケージは、後々マッキンゼー全社の大きな財産になったのである。

入社一年目のメモがベストセラーに

私の初めての著書『企業参謀』がプレジデント社から出版されたのは、入社三年目、三二歳のときだった。メモ魔だった私は、入社直後から自分が学んできたノウハウを大学ノートに書きためていたが、この本はそのメモをそのまま単行本にしたものである。ところが、そんな経営の素人の書いた本が、なんとビジネス書のベストセラーになってしまった。それどころか、『マインド・オブ・ザ・ストラテジスト』の題で、経営の本場アメリカのマグロウヒル社から出版されるや、たちまち数々の国で翻訳され、世界中でベストセラーになってしまったのである。本が出たときには三二歳になっていたが、書き始めたのはまだ入社一年目、三〇歳前後のときだった。

『企業参謀』がベストセラーになった後、私がマッキンゼーの人間だと知った経営者たちから経営コンサルティングの依頼が殺到。マッキンゼー東京事務所は大忙しになり、業績は面白いように伸びていった。マッキンゼーの社内でも「なぜ入社したばかりの人間が、こんなベストセラーを書けるのか」と話題になった。

私が考案した「セールス・フォース・マネジメント」や製品市場戦略などのマニュアルは評判になり、英訳されて世界各地のマッキンゼー事務所に配布されることになった。すると、

「大前の分析手法は面白いから勉強しよう」ということで、世界中からレクチャーを求めて東京事務所に見学に来たり、私のほうから世界中を回って説明に行くようになった。私は新人のくせにマッキンゼーの世界各地の事務所にコンサルティングの手法を説いて回るという、変な存在になってしまったのである。

「白髪のコンサルタント」というように、当時はコンサルタントといえば、会社を定年退職した人が経験を生かして社長にアドバイスするというのがほとんどだった。しかし三〇歳そこそこの私は経験もなく、その業界も知らない。にもかかわらず、普通の経営コンサルタントの一〇倍のお金を取って歴戦の猛者である経営トップにアドバイスをしていたのである。もちろん「こんな若造に任せて本当に効果があるのか」と疑問を挟む会社幹部もいたが、表れた結果は歴然で、市場占有率、収益など、依頼された課題をことごとくクリアした。

その理由がこれまで紹介してきた私の問題解決のノウハウにあったことは、言うまでもないだろう。

徹底的に考えろ

経営コンサルティングとは、簡単に言えば、企業が自分ではどうしても解決できないような問題の解決策を見つけ出し、提案としてクライアントに示すことである。そのために情報を収集、分析し、「こうではないか」という仮説を立て、仮説を裏付けるためにフィールドインタビューを行ったり、実験を試みたりする。それでも仮説が裏付けられなかった場合には、さらに必要なインタビューや実験を行って、仮説が間違いないものであることを実証していく。

これは問題の解決策を導き出すための科学的なアプローチであり、論理的思考である。その結果、合理的で間違いのない結論が導かれる。この問題解決のプロセスこそ、コンサルティングに限らず、あらゆる問題解決において必要なものなのだ。

ほとんどの人は、仮説を立てた段階でそれを結論だと思い込んでしまうが、本当の勝負はそこからだ。問題解決力とは、仮説を裏付けていくために労を惜しまない行動力であり、それが絶対に正しいと結論づけられるまで徹底的に考える思考力であるとも言えるだろう。

実際には、あなたが会社の命運を左右するような問題解決の必要に迫られることは、一生のうちにそう何度もないだろう。だが、武士が戦のないときでも剣の腕を磨いていたように、日頃からこうした問題解決のための思考力を鍛えておくことが大切なのだ。

問題解決のための思考トレーニング法

私は経営コンサルティングの仕事をまったく知らずに入社したから、入社後は人一倍努力をした。その一つが、次のようなトレーニングである。

私は当時横浜から通勤していたのだが、毎朝横浜駅から東京駅までの二八分の通勤時間を利用して、テーマを決めて問題解決のプロセスを組み立てていくのである。たとえば最初に見た吊り広告を題材に、「この会社の社長に売上を伸ばしてほしいと頼まれたら、自分ならどうするか」を考える。慣れてくるとだんだん頭の回転が速くなって、一日一テーマだけでなく、ひと駅ごとに別のテーマについて考えられるようになった。別の広告に目をやり、次の駅に着くまでの間に「こうすれば売れる」といった仮説を立て、そのためにどんなデータを収集し、分析しなければならないかなどをすぐに頭の中で組み立てる訓練をするのである。

こうしたトレーニングを毎日繰り返すことで、たいていの問題については、だいたい三分あれば問題解決のプロセスを組み立てられるようになった。今ではクライアントが何かひと言言えば、その解決へのアプローチが瞬間的に頭の中で組み立てられるようになっている。

問題解決の思考回路を組み立てるためのトレーニング。その題材はどこにでも転がっている。あなたもこうした頭の筋力トレーニングを行えば、問題解決力は確実にアップするはずだ。毎日の努力の差が、やがて大きな力の差となって表れてくる。

最後に、具体的に今の仕事に役立つ思考トレーニングの題材として、最適なものを紹介しておこう。それは「自分が二階級上のポジションにいたらどうするか」を考えることだ。どの企業も、さまざまな問題を抱えているはずである。今、あなたが係長だったら部長、課長だったら取締役の立場に立ってみて、「自分だったらどうやってその問題を解決するか」、それを徹底的に考えてみるのである。

練習問題

あなたの会社が解決すべき最大の問題点は何だと思いますか。あなたが現在より二階級上のポジションにいたとしたら、その問題の解決のためにまず何をしますか。

また会社はなぜそれを実行しないのですか。

会社が実行できない理由を三つ挙げ、その一つ一つについて、あなたが二階級上のポジションにいればどのようにそれを克服するか、社長への私信の形で一二〇〇字以内にまとめて書いてください。

第2章

論理が人を動かす

人を納得させるための論理構成法

プレゼンテーションに学ぶ提言のノウハウ

前章では、私の経営コンサルティングのノウハウをもとに、論理的思考による問題解決の方法について説明してきた。しかし実際の仕事の現場においては、どんなに正しい結論を導き出し、それに基づく問題解決策を提言しても、それが相手に受け入れられなければ元の木阿弥である。

経営コンサルタントの有利な点は、企業がすでに高額の金を払って雇っているので、実行に移す場合に最大のインセンティブ（払ったお金を無駄にできない）が働いている。企業内部のプロジェクトではこの点が必ずしも担保されていないので、工夫が必要だ。

提言を行う際には、相手の納得を得るためのノウハウが必要だ。もちろんそれはたんに相手を話術で丸め込むといった類のものではない。論理的思考に裏打ちされた、提言のための思考回路とでも言うべきものである。人を納得させるための論理構成がしっかりとなされていれば、提言には説得力が伴う。説得力とはすなわち相手の心理までも勘案した論理構成の力であり、その論理構成を生み出す思考回路の組み立て方こそが、提言のノウハウなのである。

経営コンサルティングという仕事は、最終的にクライアントに対してプレゼンテーションを行い、打ち出した解決策を提言として相手に示す。その提言を相手が受け入れ実行してくれれば成功、受け入れなければ失敗である。提言力を磨かなければ成り立たない仕事なのだ。

ここでは、私が経営コンサルティングとプレゼンテーションで培ってきた思考ノウハウをもとに、人を納得させるための論理構成法とは何か、その思考回路を持つにはどうすればいいのかをお伝えしたいと思う。こうした論理構成の力は、実際のプレゼンテーションにおいて活用できるだけでなく、仕事上のあらゆる場面で求められるものだ。仕事でプレゼンテーションを行う機会のあまりない人にも、ぜひ磨いてもらいたいと思う。

「提言は一つ」が鉄則だ

私の経験から言うと、プレゼンテーションにおける「提言」は一つでいい。提言がいくつもあると経営者は実行に二の足を踏んでしまうが、「社長、とにかくこの一つだけをやってください」と言われれば、気持ちが動きやすいからだ。しかもその提言の背景に膨大なデータ収集や分析、フィールドインタビューがあり、提示された結論が否定のしようのないものであることがわかれば、経営者は行動を取りやすくなる。これは相手が誰であっても同じことだ。

日本の経済戦略会議などは「提言二二五」「骨太の改革案一二項」などとバカなことを言っているが、そんなに実行できるわけがない。「これも重要、あれも重要。ここも直したほうがいい」というのは、コンサルタントではなく評論家でしかない。どうすればその提言を実現できるかを示さなければ、提言自体が無意味なのである。

「ｂｕｔ」（しかし、けれど）、「ｈｏｗｅｖｅｒ」（とはいえ、しかしながら）という言い方は、経営改善には百害あって一利なし。「けれど、それでは営業部がうんと言わない」「しかしながら、そのコストを達成するのはかなり難しいでしょう」と言っても、建設的な話にはならないからだ。こうした姿勢はプレゼンテーションのみならず、あらゆる仕事の現場においてマイナスにしか働かないことは言うまでもないだろう。

マッキンゼーという会社は、「社長に対して一分しか時間がなかったら、お前は何をやるか」を徹底的に考えさせる。一つの結論を出すことは、アンガス・カニングハムの英国流論理的思考法も同じだし、私の科学分析のアプローチも同じだ。一〇のことを言って、その一〇を実行できた社長はいないし、一〇を言ってそのうちの一つでも完璧にやる社長もいない。しかし、一つか二つだけを言うと、ほとんどの社長はそれを実行してくれるのである。

私の場合は提言だけに止まらず、それを実行するための計画書を作り、予算と担当者まですべて決めた細かな提案も行う。そしてフォローのために毎月必ずその会社に行き、進捗状況をチェックする。もし進捗していなければ、どこを直せばいいのかを議論して、一年後、二年後と責任をもって見ていく。そうすると、どの会社も面白いようにシェアや収益が改善していくものなのだ。

事実に裏付けられた提言には抵抗できない

結果は測れるもので測る。これも大切な点だ。なんとなくよくなった、という栄養剤のようなやり方では経営は改善されない。

私は『企業参謀』を読んでコンサルティングを依頼してきた社長には、真っ先に「何がやりたいんですか」と聞くことにしていた。マーケットシェアを取りたいのか、収益を改善したいのか、黒字になりたいのか。それを聞いた上で、目的を一本に絞ってもらう。

もしあれもこれもと言ってきたら、「私は便利屋ではないので、別の人に頼んでください」と断ってしまう。「あれもこれも」という経営者ほど、一つ一つの提案を真剣に受け止めようとはしない。そして前章でも述べたように、さまざまな問題があってもその多くは現象にすぎず、原因は一つであることがほとんどだ。まずもっとも重要で根本的な問題を解決することが、結局は問題解決のベストウエイなのである。

また、あらかじめ相手に「何か一つを実現するとしたら、これがやりたい」というものを聞いておく。これは、その後の提言に極めて大きな意味を持つ。なぜなら、結果的に相手がいちばん嫌がっている意思決定をさせなければならないこともあるからだ。

たとえば、社長というのは自ら苦労して開発してきた商品に対しては、並々ならぬ愛着をもっているものだ。創業以来の商品や、業績が落ち込んでいたときに会社を救ったような商品ならなおさらである。しかしプレゼンテーションにおいては、最善の解決策として「この商品を売るのはやめてしまいなさい」と提言しなければならないことだってある。

そんなとき、社長が「この商品だけはどうしても続けたい」と渋るようなら、「利益を出したい」という社長の最初の言葉を掲げて、「この商品では、逆立ちしても利益は出ませんよ」「バリューアナリシスやバリューエンジニアリング（VA／VE）という価値工学で収益を出す方法もありますが、それには三年から五年はかかります。その間に売上もシェアもジリ貧になって立ち直れなくなりますよ」「この商品があるかぎり、当社は利益が出ません。利益を出したいんでしょう?」と迫っていける。最後には「自分が生んだ商品をつぶしたくないなんて、そんな甘えたことを言っていてどうするんですか」とまで言えるのだ。

社長が「そうは言っても、私は現場でこういう話を聞いている」と抵抗してきたら、積み重ねてきたフィールドインタビューが役に立つ。静岡の営業マンからはこう聞いた、鹿児島営業所に行ったときにはこういう話が出てきた、実際にお客さんのところではこうだったと現場の声を上げていき、他のスタッフにも報告させる。そうすれば、「社長の意図は末端には伝わっていません。私は今回六〇人にインタビューしましたが、認識していた社員は一人もいませんでしたよ」と言えるからだ。いくら社長が「自分は社員の声をよく聞くようにしている」と言っても、それが社員の本音であることはめったにないのである。

フィールドインタビューでは、経営トップよりも詳しい業界の最新情報やその会社のデータをもとに、当該案件に絞り込んで聞き込みをしている。社内アンケートとは違って、社長が好きか嫌いかといった余分な話を聞いているわけではないから、当然、内容は詳細で信頼に足るものになっている。実際に売上成績の良い営業マンとそうでない営業マンの違いを見ているし、お客さんのところにまで同行しているのだから、少なくともそのテーマに関しては、社長よりも詳しくて当然なのだ。

コンサルティングの最終的な段階として行うプレゼンテーションでは、社長のほかに営業本部長などの経営幹部が勢揃いすることになる。そうすると重役連中の中には、自分に都合が悪い提案に対して「外部の方の考えることは奇抜ですね。やはり我々の認識とはだいぶずれているようだ」「一ヵ月や二ヵ月ではわが社の事情はよくわかってもらえない」などと異論を挟んでくる人も出てくる。そのときにもフィールドインタビューが有効で、現場から上がってきた事実で外堀をきっちり埋めてしまえば、「こいつらは、ここまでわかって言っているのか」ということになり、決断せざるをえなくなるわけだ。

じつはこうした決断を迫るのは、そう難しいことではない。その決断がたまたま「気に入らない決断」だっただけのことで、事実を突きつけられれば相手は抵抗のしようがないのである。

プレゼンテーションの必要十分条件

整理しておこう。経営コンサルティングにおいては、業界や自社のデータをもとに、マーケットに働いている力（ＦＡＷ＝Forces at work）や自社および競合他社の動きを分析し、極めてわかりやすい一つの結論にまとめる。そしてその結論を裏付けるための証拠を集めて、最終的にプレゼンテーションを作成し、それを提言として手短に発表する。質問や反論が出た場合には、必ず補足の資料や証拠をその場に出す。それだけのことである。

プレゼンテーションは全体として過不足なく起承転結ができていると同時に、必要条件と十分条件を満たしていなければならない。必要条件すなわち「こうしなければいけない」と、十分条件すなわち「こうすればよくなる」は違うものだが、提言を相手に納得させるためにはこの両者が揃っていなければならないのである。

しかし、必要十分条件でプレゼンテーションを成功させても、やはり感情の問題が残る。「オレはこの道四〇年だ。お前たち外部の人間に言われることはない」など、いろいろな思いを抱く人もいる。こうした感情の問題を解決するためには、プレゼンテーションの後にみんなで飲みに行き、愚痴を聞いたりするのも大切なことだ。提言によっては特定の部門長が悪者になる場合もあるので、その人たちに対しては事前にある程度の根回しをしたり、後のフォローをしておかなければならない。

要は、解が出てきたら、それを迷わず実行してもらうことだ。外部のコンサルタントに「実行」はできない。それはあくまで社長以下企業側のやることだ。この場合にもっとも大切なのは「やる気」である。納得はしたがやる気がしない、というのでは金の無駄遣いになる。ここから先は「やる気」という新しいベクトルの醸成が最大の課題となり、成果を出すためにはそうしたヒューマンな部分も重視していかなくてはならないのだ。

フォローとか根回しというと、「日本的な発想だな」と思われるかもしれないが、じつは日本でもアメリカでもヒューマンな部分はまったく同じだ。人間の感情はロジックだけでは収まらない。感情の問題をきちんとフォローして、翌日からは嬉々として実行に移してもらえるように仕向けていくことも、プレゼンテーションの実効性を上げるには不可欠なのである。

まず最初に全体の結論を述べる

実際にプレゼンテーションを行うときは、全体の流れをどう構成するかが非常に重要になる。流れが悪いと、経営トップや会議に参加している役員などから「俺はそうは思わない」という反論あるいは反感が出やすくなるからだ。ポイントは簡潔な分析と簡潔な言葉を用いて、一ページごとに、そのページ内における結論を出していくこと。一つ一つの結論を積み上げていくことによって、全体の結論には間違いがなく、それに基づく提言には十分な裏付けがあるという構成をすることである。

相手が誰であるか、相手の心理状態がどうかにもよるが、通常であればプレゼンテーションでは全体の結論を先に言うほうがよい。私の場合、さらにその前提として必ず自分がやってきた作業を最初に言っておく。どんなデータを収集して、どんな分析をしてきたのか。フィールドインタビューを行った回数、地域、そして誰を対象に、どんな話を聞いてきたのか。これを明示することで、会議出席者の中にある「こいつら、本当にわかっているのか」という疑念が氷解するからだ。

この前提がないと、聞いている側の頭の中に「何の根拠に基づいてこんなことを言っているんだ」という思いが終始つきまとい、一つ一つ提示されるページごとの結論に納得がいかないまま進んでいくことになる。相手の心理とこちらの伝えようとしていることがどんどん乖離していき、最後には反対意見が続出という結末になりかねない。とくに最終的に提示するのが、商品の販売中止とか大幅な人員削減といった、相手にとって受け入れたくない解決策や、大胆な提言であればなおさらだ。

まず最初に自分たちがやってきたことを持ってきて、疑いを氷解する。そしてこれらに基づいて、「最終的に結論はこうなりました」と手短に言うのである。

手短にといっても、もちろんひと言だけでは足りない。そこには相手を納得させるだけの筋道が必要だ。業界を取り巻く環境、業界あるいは顧客の動き、当社の競争相手を取り巻く環境と、それに対する当社の動き。その中でどこに問題の原因があるのかを説明し、問題を解決するには「こうするしかない」と提案するのである。

競争相手が業界全体に働いている力（ＦＡＷ）の方向に対してどう動いているのか、とくに収益の伸びの著しい競争相手が顧客や業界の動きをどう捉えているかは重要なポイントになる。それに対して、当社はこの部分で出遅れている、その結果が今の収益や販売不振につながっているということを踏まえたうえで、「この問題を解決するには、この部門に人員と投資を集中して、今の三倍以上の売上を収めなければいけない」といった全体の結論に達するのである。

プレゼンテーションの構成

最初のページで全体の結論を言った後に、どうプレゼンテーションを構成していくか。その順序は次のようになる。

・業界の動向

冒頭で全体の結論を述べた後に来るのは、業界の動きについての分析と、それに基づく業界の動向に関する一つの結論である。たとえば業界に新しいデジタル化の波が起こっていて、急速にそちらにシフトしているという結論を出し、そのことが十分に納得してもらえるだけのデータを一つずつ提示する。

・競合他社の動き

競合他社の動きの中でもまず注目すべきは、業界の中でその新しい流れをもっともよくつかんでいる会社である。つまり「業界に働いている力をもっともうまく利用している会社はここである」と明示し、その理由を言う。「いちはやく業界の流れを先取りした商品を投入し、価格も比較的受け入れやすいものにしている」「営業力を強化せずに効率を倍にして収益を上げた」といった事実を示し、それゆえこの会社の伸長力は著しいのだというこのページの結論を示す。

・当社の状況分析

それに対して当社の動きはどうか。どの部分で遅れをとっていることが問題の原因なのかを提示する。たとえば「製造部門のコスト削減で遅れをとったために、商品の割高感が増し、シェアが落ちてきた」「シェア対策として営業マンを急いで増員したが、人件費の増大に比して売上が上がらず、効率がますます悪化。当社の赤字の原因はここにある」という具合である。

・改善機会のための条件

その状況はどんな条件によって改善できるか。「当社が黒字に転換するには、どんな努力が必要か」というときには、たとえば「コストで言えば一五%の削減、価格で言えば七%の利幅の増大、売上としては倍にならないと黒字に達しない」と言ってから、「その道のりは非常に厳しい」という事実を示す。

・解決の道

その次に提示するのが、「解決の道」というチャプターである。この困難な問題はどうすれば解決できるのか、解決のための選択肢を示す。商品のコストダウンなのか、販売力の強化なのか、営業マンのトレーニングなのか、それとも広域をカバーするのをやめ、地域を集中して競合勝率を上げる戦略をとるのか。こうした戦略的代替案を提示するわけだ。

たとえば売上を伸ばすための議論には、基本的には三つの方向がある。商品をいじる方向、価格を下げる方向、そして営業のやり方を変える方向。それらのうちのどれがもっとも費用対効果がいいかを検討し、択一する。多くの改善案のうち、もっとも効果が高く、費用や実現可能性、競合反発などの観点から見て最適の案を一つだけ選ぶのである。これがプレゼンテーションにおける全体の結論となる。

・提言

次のプロセスとして出てくるのが全体の結論に基づく「提言」だ。たとえば「営業マンのトレーニングを行い、ダメな人員を一〇%削れば競合勝率が倍に上がる。その結果、マーケットシェアは三〇%を超える。当社はすみやかにこれを実行すべきだ」などと提言する。

・実行計画

最後が提言に基づいた「実行計画」である。いつまでに何をやるのか。実行責任者は誰なのか。体制や組織、レポートの頻度、何を成果としてモニターしていくのか、この計画の成否を判断する条件は何か。こうした細かな点についても、実行計画の一つとして提案していく。

もちろん実行計画を提案する場合、プレゼンテーションの場でいきなり切り出すというケースは稀である。多くの場合は我々のチームと経営陣との間で事前に話し合いが行われ、組織のメンバーなどについて調整ずみだ。お互いに納得したうえでプレゼンテーションに臨んでいるわけで、いわばプレゼンテーションの場は「確認の儀式」である。トップがそれを聞くのは初めてでも、担当者は「我々もそれでやります」と言って終わり、というわけだ。

相手の心を動かすポイント

「言いたい順序」ではなく「相手が納得する順序」

どのようなプレゼンテーションでも、これまで示してきた流れを踏襲していなければ、成功は難しい。人間の頭は、この流れでなければ物事を受け入れることができないようにできているし、とくに業界に長くいる人間はその傾向が強いからだ。相手を納得させ、心を動かすには、そのためのステップを踏んだ論理構成が必要なのである。

ところが日本の会社で行われているプレゼンテーションを見ていると、支離滅裂というか、順不同のものがほとんどである。なぜなら、プレゼンする側の「言いたい順序」でチャプターが出てくるだけで、「相手が納得する順序」になっていないからだ。そのため、最後まで納得が得られなかったり、途中で「ところで、あの件はどうなっているんだ」という話が出てきて流れがストップしてしまう。

駄目な経営コンサルタントに典型的なのは、見つけた問題点を全部横書きにして並べ、問題点の逆さまが提言になるケースだ。「営業マンに元気がない」→「だから営業マンは元気を出すべきだ」という具合だから、まったくお笑いである。「商品に競争力がない。だから商品に競争力をつけるべきだ」というのは簡単だが、では、どうやれば商品に競争力がつくというのか。解決策が何もない。

呆れたことに、日本の経済戦略のトップが集まっているはずの経済戦略会議の提言も、みんなこのレベル。問題を羅列して、その逆さまが答えだと思い込んでいるのだ。

問題を羅列したところで、それらはしょせん現象にすぎない。現象の逆さまは解決策ではない。本当は原因に対する解決策が必要なのに、現象にしか目が行っていないのだ。日本の議論というのは、十中八九、現象と原因の区別さえできていない。そもそもそうした思考回路を持っていないのである。

本当の原因はしつこく探る

現象というものは、必ず原因があって出てくるものだ。しかし原因を見つけようとせずに現象だけで判断してしまうと、まったく筋違いの、解決策にならない解決策を提言してしまうことになる。

たとえばセールスの現場では、今、こんなことが起こっている。

「最近の営業マンは元気がない」「ベテラン営業マンの言うことをきかない」という話をよく耳にするが、その逆で、会社によっては「若手営業マンは頑張っているけど、ベテランはほとんど仕事をしない」という場合がある。その本当の原因は何か。

一例を挙げると、ある自動車販売会社では営業所長が中古車を横流しして、その金をネコババしていることが実際に起こっている。それを具体的に言うと、こんな具合だ。

お客さんが新車を購入する際に、それまで乗っていた車を下取りに出す。このとき営業所長が下取り価格を査定するわけだが、実際の価格よりも低く査定してしまうのだ。たとえば本当は五〇万円の査定価格がつくはずのものに、三〇万円の値段をつける。それを中古車販売業者に五〇万円で横流しすれば、二〇万円の差額が営業所長のポケットに入るというカラクリである。下取りの報告義務がなければこれでOKだし、報告義務があっても、三〇万円で中古車販売会社に横流しして、差額をキックバックさせれば帳簿上怪しい部分は残らない。

新車の売上は上がらなくても、中古車を一生懸命横流ししていれば所長は儲かる。営業所長に元気がないのではなく、元気良くネコババしているから働く必要がなくなっている、という話なのである。

つまり「営業所長に元気がない」本当の原因は、営業努力に力を入れなくても所長が個人的に儲かる「利権の構造」にあるわけだ。これではいくら「営業マンに元気を出させるにはどうすればいいか」を考えたところで無駄である。こうした問題は、現場に出てみなければわからない。

朝一〇時にマンガ喫茶に行くと、営業マンらしきスーツ姿の男たちで満席になっている。こういう連中が顧客訪問レポートだけはもっともらしく書いているのだから、現場から上がってくる紙だけを見て判断すること自体がナンセンスなのである。

私がフィールドインタビューで営業所に行くときは、その営業マンがどういう生活をしているのか、どんな家に住んでいるのかもチェックする。

よくやるのは、「車にちょっと荷物を入れさせて」と言って、トランクを開けてもらうことだ。トランクにゴルフバッグやテニスラケットなどが入っていたら、いくら「景気が悪い」とか「売上が悪くて給料が上がらない」などと貧乏臭い話をしていても、その人間の言うことは信用できない。とくにゴルフクラブにまだ乾いていない最近の泥がついていたりしたら、遊びに使えるだけの金がどこかから入っている疑いありだ。私は国税の査察官ではないが、なぜこういう状況に陥ったのかという原因分析はしつこくやる。だから、私の結論は当たるのだ。

こうした話は始めたらきりがない。私はコンサルタントになって最初の一〇年ほど、日本はもとより全米各州をはいずりまわった。おかげでフィールドインタビューにかけては超ベテランになった。全米五〇州のうち四九の州に行ってディーラーや顧客の話を聞き、対米進出戦略を練ったものである。そのおかげで、一発で本当の原因を探り出し、問題解決策を生み出す思考回路が鍛えられたのだ。

見た目の良さより、言葉の説得力を

プレゼンテーションは、その場だけ恰好よくやっても必ず馬脚を現してしまう。デジタル時代になって、プレゼンテーションのツールも格段に進化した。とくに映像や音声が使えるのは、プレゼンをする側としては非常に便利である。だが、そうしたツールを使うことばかりに力を入れて、肝心の論理構成を怠るのでは本末転倒だ。今はパワーポイントで恰好のいいプレゼン資料を楽々作れてしまうが、そのぶん論理を整理しないまま、見た目だけで流れていってしまう傾向があるように思う。

私は最近、プレゼンテーションでも講演でもあまりパワーポイントを使わなくなった。用意はしてあっても、急に使うのをやめて、話だけでやることもある。その理由は、パワーポイントを使うと、聞いている側の気が画像のほうに行ってしまうからだ。

とくに日本の経営トップは、画像を見るよりも話で聞くほうが理解しやすいという人がまだ多い。だから私のようにトップと二人で話し込んでいると、意外に「そうだな」と納得してもらいやすいものなのだ。

もちろんそのときは手元に文書も何もないから、普通のプレゼンテーションよりも数段難しい。プレゼンテーションの内容を一〇〇%理解したうえで、書き言葉ではなく話し言葉で伝えなければならないからだ。「これは社長の立場を理解したうえで言っているんですよ」と、プレゼンテーションの文章にはないようなこともアドリブで入れたり、本当は外堀を埋めてあるのに「やはり考えてみると、これしかないんじゃないかなぁ」とあえて自信なさそうにトーンを落としてみたりもする。デジタル時代だからこそ、言葉で全部伝える訓練が重要であり、言葉できちんと伝えるためには、論理がしっかりとできていなければならないのだ。

一〇時間語れることを四五分にまとめる

プレゼンテーション成功の最大のコツは、パワーポイントでいかに恰好よく見せるかではない。これまで見てきたように、山のようなフィールドワークの積み重ねであり、現場を見てきた結果「間違いない」と確信をもって出された結論である。そして一〇〇%間違いないという結論を言うために、全部話すと五〇時間かかることを四五分間にまとめるのである。

プレゼンテーションは、せめて五時間、一〇時間は語れる内容がなければうまくいかない。逆に駄目なプレゼンテーションは、知っていることを全部言おうとするから、細かいことから入ってしまい、論旨が支離滅裂になってしまう。

あなたがプレゼンテーションの文章を作ったときには、次の練習問題をやってみるといい。

練習問題

あらかじめ用意した原稿を見ずに、プレゼンテーションの内容を五分間で話してください。

私はマッキンゼー時代、プレゼンテーションを書いてきたスタッフに、必ずリハーサルをさせていた。そのとき彼らを訓練するために、よく次の二つのことを行った。

一つは「お前、文章を見ずに五分でこの内容を全部言ってみろ」と言うことだ。これができない人間には、プレゼンテーションは無理である。プレゼンテーションの全体の流れを把握し、どこにどう着地させるかが頭に入っていなければ、絶対に成功しない。確実にシナリオが頭に入り、キーポイントだけは細大漏らさず言えるようにしておかなければ、プレゼンテーションはうまくいかないのである。

もう一つは、プレゼンテーションの文書を途中で一枚抜いてしまうことだ。たとえば話が七枚目まで進んだときに、わざと八枚目の原稿を隠してしまい「次を言え」と言うのである。これをされると、たいていはしどろもどろになってしまう。次のページを想定し、先を読みながら喋っている人間でなければうまくいかない。七枚目の説明で一生懸命になっている人間は、次に何を言いたいかが頭に入っていないから、話に迫力がないし、相手に伝えるべきことが伝わらない。

優秀なプレゼンテーターは、次のページの内容を想定しながら、今のページを説明している。これはオーケストラの指揮者と同じだ。指揮者が次の楽想をイメージしながらタクトを振っていないと、絶対にいい音楽は出てこない。指揮者の頭の中では、今鳴っているオーケストラの音よりも○コンマ何秒先のタクトが振られているのである。楽譜を落としても平然と指揮が続けられるのが優秀な指揮者で、彼らは念のために譜面を見てはいるけれども、実際には読んでいないのだ。

必ず一つの結論に至る「ピラミッド・ストラクチャー」

五分間で内容が言えたり、原稿を一枚抜かれてもきちんと話せるためには、もとのプレゼンテーションがしっかりした論理構成で組み立てられていることが条件になる。その論理構成の基本となるのが、ピラミッド構成法（ピラミッド・ストラクチャー）という論理構成法である。これは問題の解決策を導き出すときに必ず用いる、いわば論理的思考の要といえるものだ。

この手法のベースになっているのは、英語でMECE（Mutually Exclusive, Collectively Exhaustive）という概念である。直訳すると「重なりがなく、漏れがない」。ある大きな課題に対して、漏れがなく、重なりがないように細分化して考え、それによって効果的効率的に問題を把握し、解決しようとする方法である。

ピラミッド・ストラクチャーでは、どんなに膨大なデータがあっても、どんなに複雑な事柄であっても、MECE的な考え方でそれを分類し、整理していく。そして、あるデータなり証拠からある結論が導き出されると、その結論はまた次の証拠に対するデータになる……という具合に積み上げていくのである。そうすると必然的に、エジプトのピラミッドの頂点が一つの石になっているがごとく、必ず結論は一つになっていくわけだ。つまりピラミッド・ストラクチャーにおいては、結論は一つだけであり、あとは全てそれをサポートするための証拠にすぎない。

構成の方法は、下から積み上げていくボトムアップ式の場合と、もっとも重要と思われる結論をいちばん上に置き、トップダウン式にその証拠を下に置いていく場合がある。いずれにせよ、こうして論理体系をピラミッド型にまとめることで、全体の論理に一貫した整合性を確保できるわけだ。

ピラミッド・ストラクチャーのケース・スタディ

72ページの図は、ホテル業で収益を挙げるための方法をピラミッド・ストラクチャーで導き出した例である。最初にホテル業界や業界に働いている力（FAW）に関するデータを収集し、それを類似テーマごとに分類してグループをつくる。それから一つ一つの項目を四角い枠（ボックス）に書き込んでいき、それぞれの因果関係や順序関係などをもとに、ピラミッドを構成していくのである。

たとえば「ルーム・チャージは固定費以上の利益に貢献しない」「食堂部門の損益が即ホテル全体の損益につながっている」の二つのボックスからは、「ホテル業の収益性は食堂部門の利益への依存度がもっとも高い」という結論を導くことができる。そしてこの他のグループから「食堂部門の収益性は非宿泊者の利用率の多寡が鍵を握っている」「外部からの客を集める

ピラミッド・ストラクチャーのケーススタディ

ホテル業で収益を上げるにはどうしたらよいか？

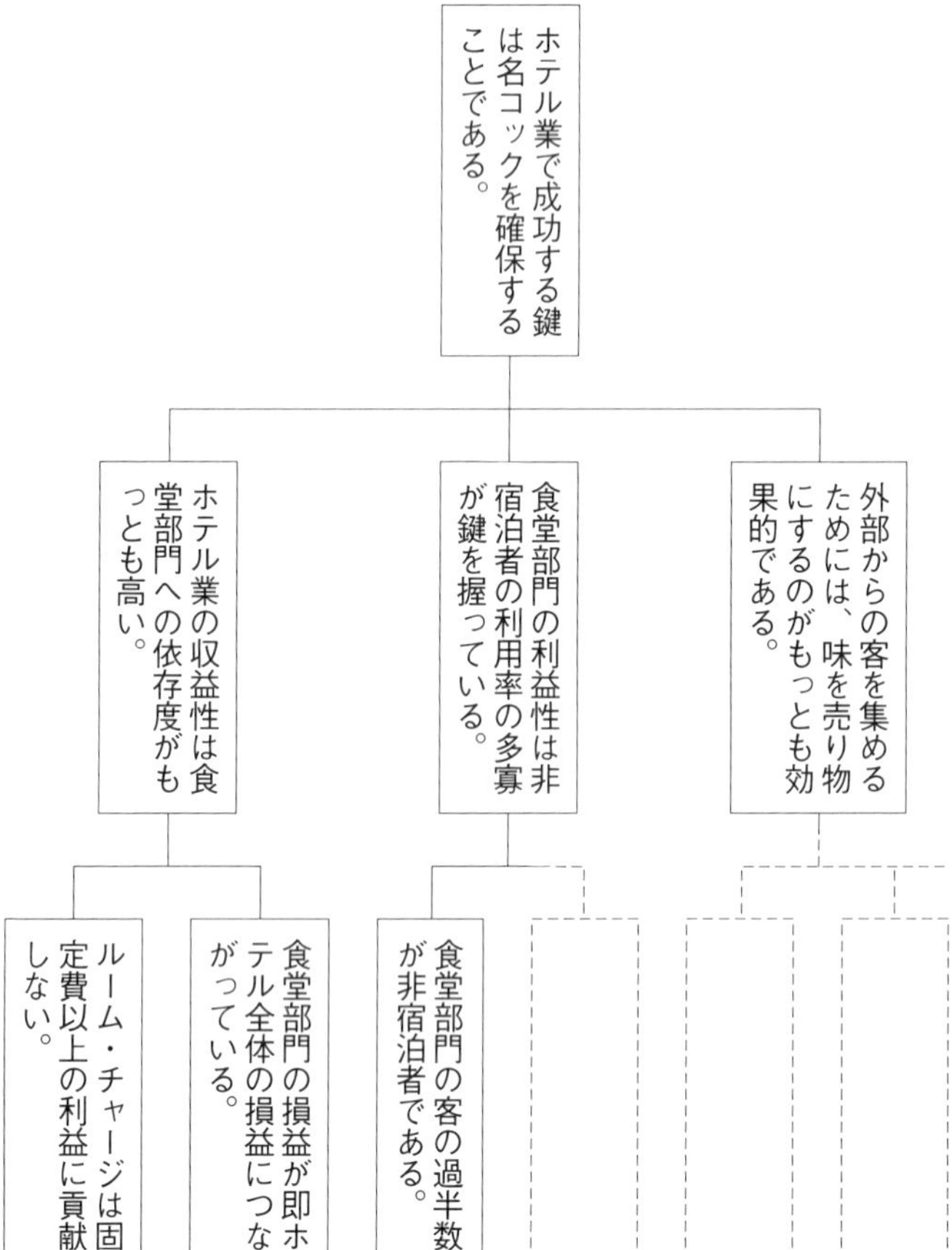
ホテル業で成功する鍵は名コックを確保することである。
外部からの客を集めるためには、味を売り物にするのがもっとも効果的である。
食堂部門の利益性は非宿泊者の利用率の多寡が鍵を握っている。
ホテル業の収益性は食堂部門への依存度がもっとも高い。
食堂部門の客の過半数が非宿泊者である。
食堂部門の損益が即ホテル全体の損益につながっている。
ルーム・チャージは固定費以上の利益に貢献しない。

ためには、味を売り物にするのがもっとも効果的である」という結論が出てきたとすると、この三つのボックスから、最終的な結論として「ホテル業で成功する鍵は名コックを確保することにある」ということが導き出せるわけだ。

この例は、私が二〇年以上も前に顧客向けに作ったプレゼンテーションのマニュアルから引いたものだ。今、〝ホテイチ（ホテルの一階）〟のレストラン街は〝デパ地下（デパートの地階）〟の食料品売り場と並ぶ人気スポットになっているが、ホテルのレストランがホテル業にとって収益の鍵であることは、当時からピラミッド・ストラクチャーによって導くことができていたわけである。

この例で挙げたように、各ボックスには「収益性」とか「成長性」といった項目ではなく、それぞれ独立した結論あるいは主張を書き入れる。それをピラミッド型に構成していくのだが、その際には次の五つのステップで行うと効率が良い。

①データや事柄を分析・検討し、導き出された結論・主張をリストアップする。
②リストアップしたものを、類似テーマごとに分類してグループを作る。
③同一グループ内での結論・主張を順序別に仕分ける。

このとき、因果関係にあるものは原因を下に、結果を上に置く。同じプロセスの一部にあたるものはステップの早い順に置く。また並列的な関係にあるものについては、時系列で発生時の順（過去・現在・未来）、大きさの順（売上の高い順など）、社会慣習（北海道から沖縄へなど）、重要性（重要ポイントから始める）などによって順序を作り、横に並べるとよい。

④同一レベルに共通した結論・主張を検討し、そこから導かれる結論・主張を一段上に位置づける。

⑤以上の作業を繰り返して、すべての主張がピラミッドを完成するまで繰り返す。

論理構成の再チェック

こうしたピラミッド・ストラクチャーの作業によって、最終的には絶対に正しいと確信できる結論を導き出すことができる。しかしその確信が持てない場合には、論理構成に問題があるか、仮説を裏付けるデータや証拠に不備があることが考えられる。

私はプロジェクトチームの中で、「ようするに、君は何が言いたいのか？」「それをひと言で言うとどうなる？」といった質問をよくする。そして相手がひと言で答えると、こんどは「その証拠はあるのか」と聞く。「その証拠をあげるには三言必要です」という返答なら、さらに「それぞれの証拠があるのか」と質問を続ける。このように結論の下には二階層三階層にも証拠が積み重なっていることを明らかにさせていくことで、ピラミッド・ストラクチャーが一貫した整合性を持っているかどうかがチェックできるわけだ。

スタッフが結論として言ったことが、じつはまだ仮説にすぎず、証拠がないという場合には、「その仮説を検証するためには、どういうことがわかればいいのか?」と聞く。仮説が本当に正しいことを証明するには、証拠を示さなければならないからだ。そうやってその人間を追い込んでいくと、案の定仮説を証明するデータがなく「それは調べたことがありません」ということになることもある。

経営の場合には、証拠は数字で示されるものがよい。本当の収益やコストがわかると、意外にも社内の人々が間違った思い込みをしていた、などということが明らかになることも多い。証拠のない仮説は、積み石が抜けているピラミッドと同じだ。だから、もし抜け落ちている点が見つかったら、必ずその仮説を証明する証拠を新たに集めなければならない。

現場の声を聞くときには、社内システムは使わない

仮説を証明するにはどんなデータが必要で、そのデータを取るためにどんな実験をすればいいのか。前章でも述べたが、ここから先は実験計画法の手法である。現場では「こういう電話インタビューを急遽五〇〇本取ろう」という話になることもあるし、「じゃあ、私が営業マンと一緒に出掛けていって、お客さんに直接聞いてみます」ということになる場合もある。あたかも結論のように見えることでも、「それは仮説だ」と思ったら、その段階ですぐに納得のいく形で検証を行わなければならない。

このとき絶対にやってはいけないのは、営業部長が営業所長に、営業所長が営業マンに聞くという、従来の社内システムを使うことだ。これでは現場の営業マンの、独立した第三者としての意見が聞けない。営業マンは上が何を期待しているかわかっているから、それに合わせたような「大本営発表」のごとき回答しか出てこないことになる。それを「現場はこうだ」という証拠にすると、間違った結論に至る可能性が高い。

現場の声を正しく反映させるにはフレキシビリティが必要である。私は現地に行くときには、質問の七、八割は自分の頭の中で決めていても、誰かが面白いことを言ったり、「これはもしかするとすごく重要なことかもしれない」と気づいたら、それに沿って別の質問を展開してみる。余計な時間がかかることにはなるが、そのほうが確たるデータに近づけるからだ。

経営の意思決定は、じつは左に行くか右に行くかという選択である場合が多い。だからすべての経営的な問題は、これまで述べてきた方法を繰り返し行っていけば、必ず解決できる。解決できない問題というのは、じつは存在しないのである。

提言に説得力がないのは、問題の解決に至るプロセスが不十分なために、提言する側が「絶対に正しい」という信念に到達していないことが原因である場合が多い。本当の提言力、つまり人を納得させる力は、十分な情報収集や分析、仮説、検証の繰り返しによって得られた、論理的にも絶対に正しい結論と、提言者の持つ自信と信念によって、はじめて生まれてくるものなのである。

論理的に話すトレーニング法

実際にプレゼンテーションを構成するときには、「プレゼンテーションの構成」の項で述べた順序で組み立てていけばいい。もちろん最終的にはそれを言葉で説明し、相手を納得させなければならないのだから、日頃から論理的に言葉で説明していくトレーニングをしておくことが大切だ。

そのための訓練として、次の練習問題をやってもらおう。

練習問題

コップに水を半分入れて机の上に置き、そのコップをテーマに二〇分間話してください。

解答・解説

アメリカでは高校のときから、「パブリック・スピーチ」（人前での演説）の訓練を行っている。この「コップ半分の水」はその典型的なものの一つで、パブリック・スピーチの第一のコースになっている。もちろんどんな話をするかは各自の自由で、これが正解というようなものはない。そのスピーチが論理的に組み立てられ、説得力のあるものになっているかどうかが問われるのである。

この場合、たとえば「皆さん、ここにコップがあります。『水が半分しか入っていない』という人は悲観主義者です。私は『半分も入っている』と考えます。『半分しか入っていない』という人は、平均的な給料を稼いでいても少ないと不満に感じてしまいます。あるいは、貯金がこれだけしかないと思って不安でなりません。このコップに半分も入っている水をどう有効に使うかを考えます……」という具合に始まり、二〇分間続くわけだ。

このコップの水の話は非常にポピュラーで、アメリカでは「お前は悲観的すぎる」というときに、「グラス・ハーフ・エンプティー」か「グラス・ハーフ・フル」かという議論として普通の会話にもよく出てくるのである。

テレビの「笑点」という番組の大喜利では、テーマを与えて面白いことを答えるということをやるが、アメリカのパブリック・スピーチも次々にテーマを与えて話をさせる。テーマ自体は何でもいい。論理的に考え、言葉にして表現する能力を高めることが目標なのだ。

こうした訓練はいくらやってもやり過ぎることはない。訓練をすればいくらでも伸びるし、知的に怠惰になればどんどん落ちていくだけだ。日本ではこうした訓練をする機会がほとんどないが、それが論理構成力とそれを生み出す思考回路の欠如の原因になっている。だから人に自分の考えを伝えたり、人を納得させるような話し方も育たないのだ。ぜひ日常で目に入るさまざまなテーマについて、「私ならこう考える。こう説明する」という訓練をしてもらいたい。

私も人前でしゃべるのが苦手だった

現在の私からは想像できないかもしれないが、もともと私は恥ずかしがり屋で、人前でしゃべるのが苦手だった。いつも母親が「人づきあいが悪い」と嘆いていたほどである。それでも原子炉設計者なら務まるが、マッキンゼーではそうはいかない。経営コンサルタントは人間を相手にする商売だから、人づきあいなしでは務まらないし、大勢の人の前でプレゼンテーションをしなければならない。

またフィールドインタビューでは、現場の人から仕事のことや会社のことを聞き出せなければ仕事にならない。日頃から情報収集のためにいろいろな業界の人と会って話を聞くことも必要だ。

そこで私は、マッキンゼーに入社してからプレゼンテーションやインタビューの練習を始めた。録音テープを回し、目の前にクライアントの会社の社長がいると仮想して、問題分析とそれを解決するための方策をしゃべるのである。実際に頼まれてもいないプレゼンテーションを、本番さながらにやってみるわけだ。外国のクライアントの場合もあるので、同じことを英語でも行った。そしてその録音テープを聞いて、説得力がないと思ったら、内容を修正してまたしゃべる。それを納得するまで何度でも繰り返すのだ。

世の中のビジネスマンのほとんどは、仕事に直接結びつかないような訓練をやろうとしない。しかし、じつはそれをやるかやらないかで大きな差がつくのである。

総理大臣に提言してみよう

解決すべき問題の定義は何か

これまでプレゼンテーションのノウハウをもとに、人を説得するための論理構成や提言のノウハウを紹介してきた。では、仮にあなたが小泉純一郎首相のコンサルタントとして、彼に提言するチャンスを得たとしたら、どのように論理構成を組み立て、どのようなアドバイスを贈るだろうか。

それを練習問題にしてみたいと思う。

練習問題

今、小泉首相に五分の暇がとれました。あなたは彼の時間を独占できます。首相の郵政三事業の民営化に対するアプローチ、検討の進め方にアドバイスをするチャンスです。今の経済財政諮問会議の進め方も含めて、国民、生活者、納税者の立場に立って提言してください。

私の解答例

小泉さんの特徴は、MECE的な論理思考の対極にある、「政局的思考」をすることにある。彼は政治家だから、それは理解できないではない。

問題は、普通の頭を持つと思われる経済財政諮問会議のメンバーなどが、首相の下命を受けて「ハイそうですか」と作業を始めてしまうところにある。また、マスコミもそれを垂れ流すだけで、論点整理には何も貢献していない。道路公団のときもそうだった。

問題解決の第一歩は、解決すべき問題の定義である。ところが道路公団の議論は、道路公団のどこがどう問題なのかを考えないで、経団連の当時の会長（今井敬さん）を座長として議論が始まってしまった。「民営化」というのは数ある解決策の可能性の一つに過ぎないのに、最初から民営化の是非の議論に突入してしまったのである。そして今では公社ができて、民営化の道をひたすら進む、という段取りになっている。

しかし、これで何が解決されるというのだろうか？　なにしろ、潰さなくてはいけないほど組織としての体をなしていなかった道路公団が公社となり、民営化のロードマップに沿って未来永劫その存続を保証されてしまったのだ。

道路公団は、存在自体が法律違反

私は、以前から道路公団そのものの解体論者であった。そもそも道路公団は、日本にカネのなかった時代、高速道路を造るために時限立法で作った組織であり、時期が来れば存在そのものを問い直さなくてはならないものである。ところが道路建設には、公団の予算六兆円の他にガソリン税や重量税などの税金で、今や一三兆円という世界一の国道や一般道路の建設を行っている。全部で二〇兆円近いハードを毎年作っているのだ。日本が富める時代になってもなお、公団が存在していること自体が法律違反なのである。とうに時限立法の期限は切れているのだ。

したがってここで第一に必要なのは、道路とは何か、誰のどういう負担でどんな道路を作り、維持していくべきか、という設問である。そして、そこに解決策が見えたら、次に道路公団が蓄積してしまった四〇兆円近い借金を誰がどのようなタイミングで返すべきか、という議論をする。この二つでおしまいである。

利益を追求し、上場まで狙わなくてはならない民間会社ということになれば、この借金は国民に押しつけるしかない。しかも選挙が怖い政治家は、その支払いを未来に先送りするしかない。ということで、まず民営化ありきの議論の結果、予想通り借金の返済は五〇年間繰り延べされることになってしまった。

こんなバカバカしい結論に至ってしまった原因は、小泉さんが諮問するときに答え（＝民営化すべし）まで言ってしまったことにある。本当なら、招集された委員たちには「お役所的運営で赤字路線を作り続け、借金まみれとなった道路公団の問題をどのようにしたらよいのか」と素直に諮問すればよかった。そうすれば、検討の結果「高速道路は〝国道0《ゼロ》号線〟として国の責任で今の税金の範囲でやっていきましょう」といった無料化の提案が出てきたはずだ。また、過去の借金についても、「少子高齢化する日本でこれを先送りすることは許されない。今の世代の利用者が一〇年以内に返済すべきだ」という「プレート課税」等の案が当然検討されてしかるべし、ということになったはずである。

郵政民営化という目標設定の誤り

郵政三事業に関しても、〝小泉破れ太鼓〟は三〇年前と同じことを言っているにすぎない。本来、郵政三事業改革の目的が民営化ということはありえない話で、三事業の問題点は何か、その解決にはどのような方法があるのかを諮問するのが本筋である。また経済財政諮問会議のほうも、「正しい質問をしろ」と首相に注文をつけるべきだった。

しかし「民営化をどう達成するのか」という間違った目標に対して、「反対するやつはポストをあげない」とか「反コイズミ陣営は誰々だ」とマスコミも含めて政局に仕上げてしまったため、元に戻れなくなってしまったのである。

小泉さんが郵政三事業改革を言い始めた三〇年前とは、時代が大きく変わってしまった。小泉さんが最初（銀行族と言われた頃）に認識した郵便貯金は、まさに銀行という民業を圧迫する存在であった。しかし今では国の無駄使いを助長する媚薬に成り下がったし、郵便事業ももはやゴミ箱直行のDMと年賀状の配達くらいの価値しかなくなっている。通信手段としては、電話、ファックス、メールに完全に主役の座を明け渡してしまっているのだ。

議論の前に、まず最初に三事業の実態把握をやるべきではなかったのか、というのが私の見解である。実態を把握すれば、これらの事業はいずれも民営化には馴染まないばかりか、巨大さゆえに日本経済を大きくゆがめる可能性さえあることがわかる。また、これまで都合のいいように考え、民営化すれば成長したり儲かったりする、と甘い絵を描いていたことがことごとく崩れていく姿すら浮かび上がってくるのである。

こうした作業をする場合には、まず結論ありきではなく、実態の把握、大きな問題点の整理とその解決の方向の模索、という順序で思考回路を組み立てていかなければならない。また、議論が政治問題化しそうな場合に私が奨める手法は、全員が初めに議論の枠組みに関して同意する「原則」を打ち立てることである。これは会社であっても公共体であっても、まったく同

表 2-1　郵政民営化議論の原則

1. 独占的立場から民業圧迫をしない

・公平な競争の原理

2. 政府保証はない

・リスクの自己負担、自己責任

3. シビルミニマムは要求しない

・競争のイコールフッティング
・するとすれば負担は政府または業界

4. 株式会社は上場せねばならない

・政府所有分の低減、株主利益の追求

5. 三事業の独立運営

・所有の分離、リスクの分離

じだ。

郵政民営化議論においては、今までの諮問会議の議論などを見ているかぎり、意外に原則論では皆の意見が一致しているように見える（表2－1）。

民営化した郵貯や簡保に政府保証をつけることは、保証の付いていない銀行や保険会社との競争上不当に有利になるので許されない。また、日本全国に同質のサービスを同じ値段で提供する「ユニバーサルサービス」に関しては、民営化後の企業に要求することはできない。もしするとすれば、その分に関しては政府が税金で負担するか、同業企業から一定のカネをもらい、業界代表という形で維持しなくてはならない。

万国郵便条約では、郵便物に関しては相補性を要求されているので、たとえば沖永良部島《おきのえらぶ》でも北海道の留萌でも同じ料金で届けなくてはいけない。過疎地に代替サービスがないことを考えると、郵便にはこの機能を維持し続けてもらわなくてはならないことがわかる。そうなると、郵便事業の競争力に関してはコスト削減などに努めながらも、高コスト部分は税金で負担していくか、儲かる都市部がクロス・サブシディー（損失補塡）していかなくてはならないことになる。

一方、郵貯や簡保に関しては、ユニバーサルサービスも公共サービスも、その必要性は薄い。都市部ではすでに類似の商品はたくさんあるし、年金や健康保険のような基幹的、かつ憲法で保証されている国家の責務とは考えがたいからだ。

もともとこの事業を国がやる必然性は薄い。日本がお金のなかった時代に、国が国民に貯蓄を奨励してカネを吸い上げ、産業に資金を供給する手段であったにすぎないのだ。しかしその手段があまりにもうまく機能したために、国は〝有効賞味期限〟を過ぎても使い続けた。国家の無駄使いのための方便として、国の保証という甘言の下にカネを集め、人為的に景気を維持するためとか、地方へのばらまき行政の手段としてこれを使ってきたのである。もはや郵貯や簡保は、国家の機能維持装置というよりは、国家百年の計を誤る安易な集金手段になっている。

したがって、ここで改めてユニバーサルサービスや公共サービスの必然性の是非を問えば、「必要ない」と言わざるをえない（表2－2）。経済財政諮問会議でも、すでに同じ結論に達している。しかし、首相の御下問が「民営化」にあったので、必然性のない事業まで企業としての存続を考える、という論理矛盾に陥っている。本来諮問会議は、首相が解決すべき問題は何かという議論をしてから作業を開始すべきであった。

郵貯には運用能力も集金能力もない

さて、最大の問題は郵貯事業である。小泉首相はどういうわけか郵貯を国営銀行と捉えていて、民営化して効率をよくする、という考えをかなり前から持っていたらしい。らしいと言うよりも、そのような発言を昔からしていた。

表 2-2　郵政三事業の論点

	ユニバーサルサービスの必要性	公的サービスの必要性	仮に、民営化した場合の競争力
郵便	・End to Endのサービスが不可欠 ・民営化にはなじまない	・過疎地には代替企業（宅配便）が少ない	・そもそも配達するものが減少している ・高コスト体質
郵貯	・基本的に不要 ・どうしてもするなら国・業界が補助すべき	・都市部では不要 ・過疎地では農協・漁協が類似機能を持つ	・預金獲得力× ・運用能力× ・決済・サービス×
簡保	・不要	・都市部では不要 ・過疎地では農協・漁協が類似機能を持つ	・保険商品力×（保険金額が小さい） ・顧客セグメント×（地方、高齢者が中心）

だが、郵貯は本当に銀行として捉えていいのだろうか。銀行というのは最低三つの機能を持っている。資金を集める、集めた資金を運用する、顧客のために決済サービスを提供する、この三つである。

郵貯は定額貯金などの長期安定商品を持ち、二三〇兆円近い金を集めているため、商品の競争力はあると思われている。しかしこれは幻想ではないだろうか。すべての銀行が倒産するかもしれないというときに、「まさか国のやっている銀行は潰れないだろう」ということでお金が集まってきていた可能性が高いからだ。金利の面でも、今ではあまり魅力がない。

しかも、民営化によって新しく募集した部分に関しては「政府保証はつかない」ということをすでに決めているので、商品としての魅力度は乏しくなる。もっと言ってしまえば、預金額は激減する可能性が高いのだ。それでもまだ魅力ある商品を作り続けることができると言うなら、それは何も郵便局の窓口で売る必要はなく、銀行や農協で窓販してもいいし、極端に言えばコンビニで売ってもかまわない。問題はそれができるかどうかだ。

一方、集まった資金の運用に関してはもっと深刻だ。郵貯が抱える二三〇兆円もの資金を運用する能力を持つ金融機関は、世界広しといえども一つもない。実際、経済財政諮問会議も、新しい預金としてはせいぜい五〇兆円くらいしか集まらないから、その運用を考えればいいという見解をとっている。

しかし五〇兆円といっても、日本のトップの都市銀行と同じ規模である。はたして郵貯にその運用ができるのだろうか。郵貯はこれまで集めたカネをどうしていたかというと、財務省の理財局に入れたり、国債を買っていただけで、じつは自主的に運用をする担当部署があったわけではない。自分でこの規模の運用をするためには法人営業部、審査部合わせて一万人以上のプロが必要となる。都市銀行はこの機能が弱くて不良債権の山を作った。民営化してやっていくためには、それ以上の力がないといけないのである。

さらに資金運用しようとしても、今の日本にはニーズがないという問題もある。現在の日本経済の資金ニーズからみて、郵貯が優良企業に貸し出せるのはせいぜい一〇兆円程度。しかも、既存の都市銀行よりも貸し出し金利を下げて顧客を奪うしかない。優良企業に貸したいと思っている銀行は、山のようにあるからだ。

そうなると、表2－1にある「原則」の第一に抵触することになる。郵貯が優良企業に資金を低利で貸し出すことが、民業圧迫につながるからだ。また、中小企業や駆け出し企業に貸すとなると審査が大変で、とても郵政公社のスタッフでは手が出せない。結局「運用は国債しかない」ということになる。これは財務省も大いに期待している結論なのだが、もしそれが主たる運用先ということになると当然、利回りは国債よりも悪くなる。郵政公社あるいは郵貯銀行自体の経費をそこから差し引くからだ。

今までは安全性すなわち「国家の保証」ということで我慢していた人々も、「原則2」でこれができないとなると、駅前の証券会社で直接国債を買ったほうがはるかに有利、ということになる。ちょっと思考回路を働かせれば、郵便局の職員の費用まで払って実際は国債を買っているようなふざけた商品を買う人はいないだろうという結論になるわけだ。有効な運用手段を持たないから、魅力ある金利も払えない。結局のところお金を集めることもできなくなるのである。

相容れない「郵貯」と「民営化」

一方、銀行の基本機能の一つである決済に関しては、民間の銀行に比べて明らかに劣っているか不在・未発達である。公共料金の月末の引き落としくらいは何とかなるが、当座預金に相当するサービスはない。これは企業が月末の支払いなどを行う際に、なくてはならない機能である。振り込みや送金、海外送金などが取り扱えるところもわずかしかない。外国為替などに関しても、民間銀行に業務委託するしか手がないのではないか。

こうした機能を自分で持つべきだという意見もあるだろうが、それには時間と費用がかかる。当然その間は民間銀行に委託しなくてはならない。しかし、将来競争相手になることがわかっている郵貯銀行の手先になってくれるようなお人好しはいないだろう。

「郵貯がもしかしたら銀行になるかもしれない」という幻想のもとに公社化し、さらに民営化を目指した議論を始めてしまったことが、いかにピント外れであるか。これまで見てきたような思考回路を用いてプロセスをたどり、基本的な質問から一つずつ答えていけば、簡単にわか

表 2-3　郵貯事業民営化の本質的論点

銀行機能	郵貯民営化に伴い生じる問題
運用機能	・230兆円を吸収できるニーズはない ・230兆円を運用するノウハウ、人材を持たない ・中・小、ベンチャー向け貸出には審査能力がない（⇒不良債権化） ・民間企業への貸出はまさに民業圧迫でありそもそも民営化の趣旨に反する ・結局、国債で運用する以外ない
預金取扱機能	・民営化に伴い政府保証が無効となり、また主な運用先が国債である限り、郵貯に預金を置く理由はなく、預金量は激減する可能性が高い ・窓口は外部委託可能（民間銀行、コンビニ、農協）
決済機能	・民間サービスより明らかに劣っており、海外送金に関してはシステムすらない ・民間銀行並みの決済機能を実現するには非常にコストがかかる ・民間銀行に委託するほかない

・銀行として運用機能を有しておらず、窓口や決済機能は外部委託可能
・国債を買う集金機構としての実態しかない（現状と変わらない）

民営化する理由がない

ってしまう。帰着する結論は、「民営化できない」「民営化する理由がない」ということだ。とくに「国債を買うためだけにこれを維持する」という虫のいい話は、国家保証がなければそのコスト負担を利用者が拒否するだろうから、そもそも民営化議論とは相容れない話である。政府や経済財政諮問会議の面々は、それに早く気がつかなくてはいけない。

こうした簡単な議論を重ねていけば、小泉行革の目玉である郵政三事業、なかんずく郵貯の民営化というものが、そもそも思考回路の未発達な輩の所業であることがわかるのだ。

簡易保険と郵便事業に関しても、同じような思考回路を用いて整理したものを表2－4に示した。要は簡易保険は郵貯と郵便の機能を用いた中途半端なものであり、保険商品としても、貯蓄型商品としても、まったくニーズも競争力もない。しかも、集めた金の運用は郵貯と同じく、これまた運用する力、いやそれ以前にそういう機能さえ持ち合わせていない。結局、これまた国債を買うだけの運用しかないということで、「議論は郵貯の項に準ずる」となってしまう。

郵便事業に関しては、そもそも運ぶものが激減していることを認識する必要がある。万国郵便条約によってユニバーサルサービスを持たなくてはならないが、じつはそのコストを利用者が負担したくないと思っていることは明らかだ。現に宅配部分ではすでに民間企業の後塵を拝しているし、今は信書については事実上独占しているが、これも規制緩和が進めば民間企業では半額以下になることは間違いない。

表 2-4　簡保及び郵便事業民営化の本質的論点

	簡保事業	郵便事業
民営化に伴い生じる問題	●今までになかったコストが発生する ・納税義務(法人税等)が生じる ・三事業でコストシェアリングされていた人件費が顕在化する ●商品の競争力が乏しい ・保険金額の上限がある(1,000万円) ・政府保証がなくなる ・保険商品の設計能力がない ●運用能力がない ・運用先が国債、公団債、自治体融資など	●実際に配達している郵便物の多くは、年賀状・暑中見舞い、DM、通知文書などで、FAX、メールなどで代用可能 ●したがって、宅配を除けば郵便事業は衰退傾向 ●衰退事業を民営化したところで、上場できる業績をあげられず、国の株保有が続く
▼	・保険商品が残ればいいのであれば、事業体としての簡保は不要 ・保険商品の販売は外部委託	・信書の取扱を自由化すれば、事業体としての存在理由はない ・ユニバーサルサービスのみ請け負う

©BBT Research Institute

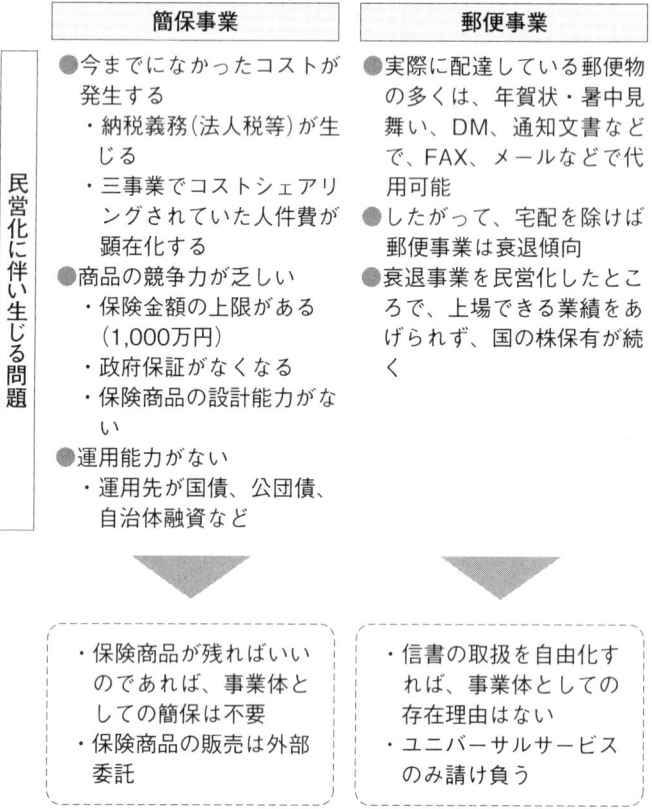

とすると、郵便が成り立っている理由はいったい何か。その唯一の理由は、安く設定されているDMや、行政指導で郵便を使うことになっている公共料金などの月末引き落としの通知書等があることだ。これを自由化すれば、月末引き落としなどは携帯あるいはインターネットに知らせることなどで代用できる。そうなれば、いよいよ年賀状くらいしか配達するものがなくなってしまう。このような明らかな衰退産業を民営化しても、当然上場はできないだろう。

そうなると、表2－1の「原則」の四番目にある「民営化後の株式会社は上場せねばならない」という項目に抵触することになる。ユニバーサルサービスを付託されただけの義務的な事業は、本来民営化の議論の対象にならないということが明らかなのだ。

ではどうすればいいか？「今よりももっと国で抱えて、日本配達公団として集配を総合的にやる組織を作るべきだ」というのが、私が一五年前の『平成維新』（講談社刊）で行った提案である。当時から、郵便事業が衰退産業であり、成り立たないことははっきりしていた。当時はファックスが競合する程度で、今のように電子メールなどに取って代わられている状態から見ればまだまだ傷は浅かったが、それでも民間事業として成り立たないことは明らかだったのだ。

利用者の立場から「デポ」の設置を考える

しかしこの問題を別な角度、すなわち利用者の立場から見ると、まったく別な解決策が見え

図2-1　日本の集配システムの改革案

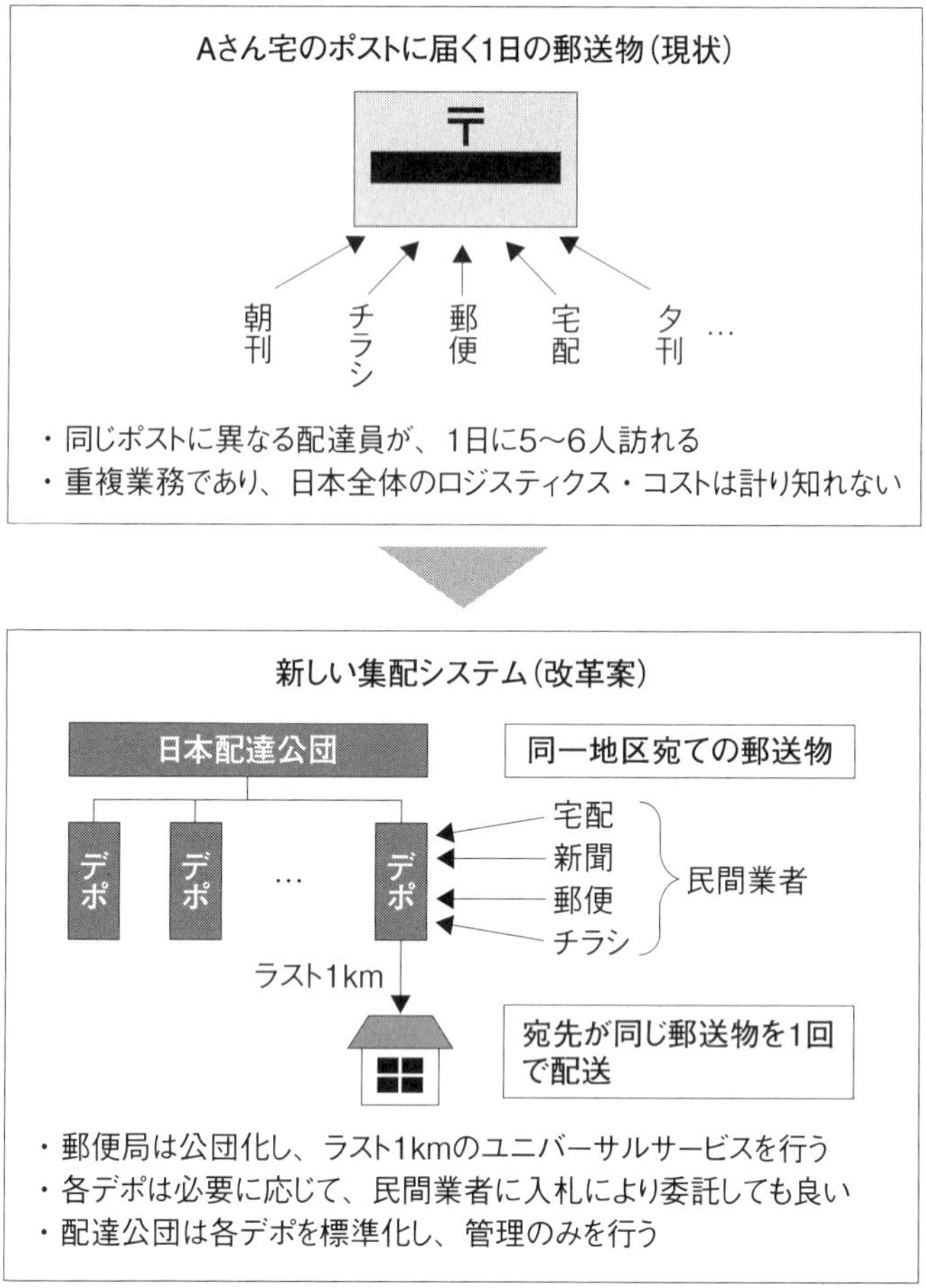

©BBT Research Institute

てくる。つまり、郵便受に立って発想するのである。

私は問題解決をするにあたってフィールド（＝現場）に出て発想することはすでに述べた通りだが、それと同じ思考回路を使うのだ。そうすると図２－１にあるように、毎日ポストには多くの人が投げ込んでいくのがわかる。新聞だけでも二回、郵便、チラシなど、数えてみれば一日五、六人が訪れる。これは重複業務であり、日本全体で見れば大きな無駄になっている。

この無駄をなくそうと思考を働かせると、「最後の一キロメートルを想定してデポを作ってはどうか」という発想が生まれてくる。デポから先は新聞、DM、チラシ、郵便などをまとめて運べば、重複業務の無駄がなくなるからだ。たとえば郵便なら、朝刊と夕刊の二回、新聞と一緒に配達することになるので、今よりも半日早く着く可能性もある。

新聞社、DM業者、チラシの依頼人、郵便局は、この「最後の一キロ」にあるデポまで運ぶだけでいいから、コストもかなり安くなるし、新規参入も楽になる。本や雑誌なども、このやり方なら宅配が可能になるはずだ。デポは都市部ではおそらく今の郵便局よりも細かく必要になるだろう。逆に過疎地では最後の一キロではなく、一〇キロというところも出てくるかもしれない。

郵便公社は配達公団としてより多くの仕事を抱え込むことになるが、じつはデポそのものは民間業者に業務委託をする、というのが私の提案だ。そうすることによって、じつは官から民へという小泉行革の目的も達成される。

小泉首相は官営から民営へが行革だと勘違いしているが、要は仕事がより多く民間でなされればいいのである。そう考えれば、公団の仕事は全国のサービスレベルの標準化、委託業者の業務の監視などで、仕事そのものは大半が民に移管されてもおかしくない。ただし過疎地で、民が手を挙げないようなデポに関しては官が運営することになる。これによって、ユニバーサルサービスも維持できるし、民が大半の仕事をやることにもなる。

また、コストは今と比べてすべてのサービスで大幅に安くなる。とくに新聞に関しては、今主要新聞を複数取るとそれぞれがポストに一日二回朝夕に投げ込んでいくが、このやり方なら取っている新聞が何紙あっても、同じ配達人が投げ込んでいくことになる。配達費用は抜本的に安くなるし、大手の寡占体制に対抗して、面白いマイナー新聞なども配達できるようになる。

もちろん寡占体制を敷いてしまった大新聞社はこの案に反対するだろうが、そうなれば彼らは馬脚を露したことになる。小泉改革に賛成と言いながら、いざ自分たちの利権を侵されるようになったら反対するのでは、マスコミの見識が疑われ、その体質が白日の下に晒されることになるからだ。

しかし、新聞社もインターネットやフリーペーパーに押され気味で、夕刊の維持などがだんだん難しくなっている。新聞配達人の確保にも苦労しているので、遅かれ早かれここで述べたような協同配達機構に移行せざるをえないのではないかと私は思っている。新聞は中身で勝負すればいいのであって、配達の寡占と野球チームのチケットで勢力を維持しているなどという本末転倒した状況に、同情する必要などないのではないか。

むしろ、郵便事業がこのようなより大きなスケールで日本のロジスティックスの改革を進めてくれれば、小泉さんは後世大いに感謝されることになるだろう。

さて、配達公団であるが、これは全国一社でやるほうが効率がいい。どうしても分割しなければダメだという場合には、基準作りに関しては全国で相談する組織を設け、そのうえで地域別あるいは都道府県別にすればあまり大きなデメリットはない。

要は各デポの作業標準を作成し、利用者にフェアであるように運営していくという、まさに公的機関としての責任を果たしてくれればいいのである。郵便に関しては長距離の配送を自前で持つことを前提としているが、その部分を民間委託しても全然かまわない。また、デポに関しては入札制とし、今の新聞配達の営業所や、郵便局、宅配便のデポ、チラシ業者、書店などが広く参画する道を開くべきである。

小泉改革は「原則」を確認の上、出直すべし

最後に、経済財政諮問会議で最近になって出てきた「窓口会社事業」というアイデアについて考えておこう。

そもそも窓口が事業になるとは考えられないから、私にはまったく理解不能である。これま

でしてきたような議論をすると、郵政三事業はいずれも成り立たないか、民営化には馴染まないことが政府の側でも本能的に予見できた。だから、何とか民営化するための理屈として「あの全国二万六〇〇〇ヵ所に広がる拠点、すなわち窓口は競争力がある」と誰かが言い出したのではないだろうか。

しかし、郵便局は国民のものだから、民営化したときには地代を払い、固定資産税を払い、建物を国民から現在価値で買い取ることになる。その前提で考えると、これが収益事業になるためには、よほど窓口を使う会社に手数料を払ってもらわなくてはならないことになる。

つまり本来、局舎は資産売却して国庫に納入しなくてはいけないのだ。そこを知らん顔してパクってしまおうという発想をしないかぎり、こんな提案はそもそも出てこないのではないか。私が配達公団として国営のままこれを続けるところがあってもいいと考えているのは、とくに過疎地ではそうした施設を民営化するのは難しいと考えているからでもあるのだ。

ＮＴＴの民営化にあたっては、回線の開放が義務づけられた。国民が営々と築いてきたネットワークだから、第二電電などの新規参入者にも開放せよ、という議論である。それと同じで、窓口会社はこれを他の企業に開放しなくてはフェアとは言えない。ヤマトの宅急便の受付もここでできるようにすべきだ、という議論が出てきて然るべきなのである。

このように郵政三事業の民営化に関しては、議論を進めるにあたって、まず原則を確認すべきである。また、三事業の現状、正しい時代背景などを議員、諮問会議の委員の人々は共通に認識すべきである。委員会の議長の役割はまさに、そうした知的な作業において指導力を発揮することにあるはずだ。

また、そもそも民営化という「御下問」にこそ問題があるので、まずはじめに作業の課題を正しく設定しなければならない。そこでは民営化ではなく、「聖域なき行政改革」の視点を優先すべきで、そうなれば当然「三事業すべてが存続する必然性もない」という前提で考えることになる。

小学生が先生から宿題を出されたときのように、最初に「民営化ありき」で必死で民営化を考え、それに反対する人々を政局に持ち込んで粛清していくという小泉流議事運営手法は、一種のファッショである。議論する癖のついた国民のもとでは、こうしたファッショはすぐに「御用！」となる。

ところが、日本ではこうした国の最重要事項でさえも思考回路が混線し、議論そのものがまともに組み立てられない。少し長くなったが、そのことを理解してもらうために解説を試みた。

第3章

本質を見抜くプロセス

問題の本質が見抜けない日本人

「企業の価値」を考える

　ここまでに紹介してきた問題解決のための思考回路や、人を説得するための論理構成のノウハウは、ビジネスについてだけではなく、国家戦略から家族旅行の決め方まで、あらゆる場面で使える思考方法である。そして毎日のトレーニングによってこうした論理的な思考回路を鍛えることで、あなたは次第に問題の本質を見抜くことができるようになっていく。

　本質を見抜くとは、その問題の本当の原因は何かを見極め、正しい解決法を導き出すこととほとんど同義である。逆に言えば、問題の本質を見抜くためのプロセスをたどっていけば、正しい結論を導き出すのはそう難しいことではない。

　その例として、二〇〇四年三月に産業再生機構の支援が決定したカネボウのケースについて考えてみよう。当初、カネボウは化粧品事業を花王に売却することを検討していたが、組合の反対を受けて断念。結局、産業再生機構の支援を仰ぐことになった。いったいこの選択は正しかったのか。私の結論を言えば、次のようになる。

「花王に四〇〇〇億円で売却するのが正しい」

「産業再生機構が三六六〇億円出して再生させるのは、間違いである」

なぜか。

まずカネボウの化粧品事業を花王が買った場合を見てみよう。

花王は日本一のコスト競争力を持ち、しかも流通経費が日本一低い会社だ。一方、カネボウの化粧品事業は、二〇〇三年三月期決算によれば年間売上が二一〇〇億円で営業利益は三二〇億円。しかし高コスト体質のため実質的な利益は二〇〇億円ほどしかないと見込まれていた。しかし花王のノウハウを導入し、コストを三割カットすることができれば、六〇〇億円ほどの営業利益が生まれる可能性がある。少なくとも五〇〇億円前後の利益は見込めるわけだ。

企業の価値は、その企業が生み出す利益のフリーキャッシュフローの八倍がリーズナブルな線だと言われている。もし利益が六〇〇億円出てくるとすれば、その八倍の四八〇〇億円。利益が五〇〇億円ならその八倍の四〇〇〇億円が、カネボウの化粧品事業の適正な価値というわけだ。ということは、四〇〇〇億円の売却価格は非常にリーズナブルな金額ということになる。

では、産業再生機構が三六六〇億円を拠出してカネボウを再生させる場合はどうか。花王が買うケースと大きく違うのは、たとえ金融支援をしてカネボウを再生しようとしても、産業再生機構には日本一のコスト競争力はないし、流通システムもないということだ。だから「花王が四〇〇〇億円といっていたのだから、三六六〇億円ならいいだろう」という理屈はまったく通じない。流通もコスト構造も現状のままだから、カネボウが出せる利益は現状の二〇〇億円が精一杯。企業の価値としては、その八倍として一六〇〇億円が上限だ。

しかも、二〇〇四年三月期の決算では、カネボウの化粧品事業の営業利益はさらに低下しているから、その時点でカネボウの価値は相当下落していることになる。今後さらに下がるかもしれない。そんな企業に三六六〇億円も出すというのは、まったくの素人。いや、素人以下である。

カネボウ問題の正しい解決策

こんなことは、これまで述べてきた問題解決の手法で分析を行えばすぐにわかることだ。

まず化粧品業界の動向を見ると、日本企業のシェアは外資系の化粧品会社の進出で急速に萎んでいる。若い人たちは何の抵抗もなく、好んで外資系の化粧品を使っている。デパートの一階を歩けば、エスティーローダーやクリニーク、M・A・C、オリジンズ、そしてロレアルなどが当たり前のように出店している。カネボウや資生堂というのは、どちらかというと「田舎の薬局には丁寧に置いてある」という感じで、まったく勢いがない。業界の動向からいえば、外資のほうが伸びが著しいと言える。

つまりカネボウにとって重要なのは、もはや資生堂との競争ではない。問題は若い客層にまったく浸透できていないこと。化粧品にいちばんお金を使ってくれるセグメントの中で急速にシェアを失い、全体として利益を出せなくなってきたことなのだ。

実際にカネボウはどんな解決策を取ったか。中国のメーカーに圧倒されている繊維事業など、他の部門は儲からない。「儲かるとすれば化粧品だけだ」ということで、化粧品部門に他部門から人間をどんどん投入して人員を拡大し、営業力の強化を図った。しかし、人員を増やしても売上は思うように上がらず、逆に人件費の圧力によって、四五〇億円ほど出ていた利益が一六〇億円にまで落ち込んでしまったのである。

つまり、そもそもの失敗は「人員増による営業力の強化」という誤った選択をしたことにあったわけだ。業界の動向を見れば、もはや人海戦術で資生堂とシェアを争うことは無意味だから、人員コストはむしろ削減すべきものだった。カネボウはその逆をやってしまったうえに、本当に行うべき対策、すなわち若い人たちに受け入れられるような商品開発なりブランド構築、業界対策などをまったく怠っていたのである。

カネボウがこの現状から反転するための選択肢は二つある。一つは抜本的な方法として、販売チャンネルだけを残して外資系の会社に売り、今の販売力を生かして自社製品ではなく外資系の商品を売る。もう一つは、「コストなら任せておけ」という花王のような会社に面倒を見てもらうことである。

この二つの選択肢をそれぞれ検討してみよう。まず外資系に売る方法だが、こちらは現実的にはかなり難しい。外資系はデパートなど化粧品売り場の良い場所はすでにほとんど占領している。だからカネボウの販売チャンネルには魅力がなく、高い値段では買ってくれないだろう。

一方、花王に化粧品事業を売却する方法はどうか。花王はカネボウにもっとも欠けているコスト競争力を持っている。収益は先に計算したように六〇〇億円になる。花王にとっても四〇〇〇億円の価値が十分にあるわけだから、それだけの値段で売ることができる。私が最初に言ったとおり、外資系に売るよりも花王に売るほうがずっといいという結論になるわけだ。現実には、組合の反対が原因でこの案は破談になったというが、組合はいずれにしても苦難の道を歩むことになる。

私はカネボウの問題にかぎらず、何らかの問題の解決策を求められたときに、一瞬でこうした考え方のアプローチをポンと出すことができる。ピラミッド・ストラクチャーをわざわざ書き出さなくても、頭の中で瞬時に同じ作業ができるのだ。しかもいちいち文章化しなくても、書いたかのごとくに話すことができる。それは私がもう何千回もピラミッド・ストラクチャーによる分析をやってきたからにほかならない。剣の道でいえば、塚原卜伝のようなものだ。どんな問題が与えられても、平然と瞬間的に正しいプロセスを踏んだ思考回路が出せるのである。

カネボウのケースで一〇〇%証明されていないものがあるとすれば、カネボウは田舎のチャンネルに強いとか、中高年齢者のチャンネルに強いという部分で、それはまだ仮説にすぎないという指摘があるかもしれない。それならば、スタッフを現場にやって「証拠を取ってこい」

といって調査すればいいというだけの話である。

こうした作業を、お金をもらって時間をかけてやるのがコンサルティングという仕事だ。しかし、なにも業界の専門家でなくとも、思考回路を磨けば誰でも同じ結論が出せるのだ。

ジャーナリストにも論理的思考が欠けている

マスコミ報道を見ていると、ジャーナリストにも論理的思考が身についている人間は皆無のようだ。

カネボウの件でも、「これは国家的犯罪だ。産業再生機構にはカネボウは再建できない」とは誰も書かない。ちょっと考えただけでも産業再生機構の手に負えないことは明らかだから、ジャーナリストは政府の発表に瞬間的にでも怒りをぶつけて、「国民の税金三六六〇億円をドブに捨てるのか」と書かなければいけない。それをどのメディアも揃って「産業再生機構に救済を委ねる」などと大本営発表の通りに書くのだから、情けない話である。

新聞記者にしても、ほとんどが記者クラブに投げ込まれた情報を書いているだけだから、カップラーメンと同じで「お湯を入れるだけで記事になる」という感じだ。ジャーナリストは取材が得意なのかと思ったら、私の言うようなフィールドインタビューをやっている新聞記者はほとんどいないようである。

だから、政府は今狼藉の限りを尽くしている。すべて仮説にすぎない自分たちの政策をメディアが素直に結論として報じてくれるのだから、これ以上楽なことはない。もう「何をやってもＯＫ」という感じだ。

もしジャーナリストがピラミッド・ストラクチャーを身につけて、「政府の言うことは仮説にすぎない。結論はまったく違う」と報道しはじめたら、日本は大きく変わる。政治は大混乱して、産業再生機構や銀行救済、債権放棄といったいいかげんな政策は進まなくなるだろう。もちろん、すでに述べた道路公団や郵政三事業の民営化についても同じである。

銀行が支払うべき金利は何％か？

日本では長年にわたってゼロ金利が続いているが、これもちょっと思考回路を働かせれば、許しがたいことだとわかる。

私は銀行が本来、預金者に支払うべき金利は何％なのかを計算してみたことがある。一九八〇年代を調べると、銀行は融資先から受け取った金利、つまり銀行の経常収益の五〇％を預金者に支払っていたことがわかった。一九九〇年代も八〇年代と同様に融資先からもらった金利の五〇％を預金者に支払うとすると、九〇年代には最低でも約九四兆円を支払っていなければならなかった計算になる。つまり銀行は、本来預金者に支払うべき金を一〇〇兆円近くもネコババしたわけだ。それで「不良債権処理はだいぶ進みました」などとのうのうと言っているのだから、バカにした話である。

本来支払うべき金利を払わずにゼロ金利を続け、しかも貸し出したときには利子を取る。こうして預金者から九四兆円をネコババし、さらに公的資金という名の税金を四五兆円も入れてもらった。国民はもっと怒りの声を上げて当然だろう。

さらに「国債の金利に対して何％を預金者に支払うか」という金利の相場感からも算出してみた。八〇年代を見ると、銀行金利は国債利回りに対して八五％から九〇％程度だから、こちらの計算でいくと九〇年代には二五兆円を預金者に余計に支払っていなければいけなかったことになる。

「銀行経営は立ち直った」などと偉そうなことを言っているが、預金者からネコババし、納税者から援助してもらっただけで、銀行の自助努力はゼロなのだ。本来ならデパートやコンビニと同じように土日も働け、と国民は言わなくてはいけない。マスコミも怒りを代弁しなくてはならないはずだ。

にもかかわらず「不良債権処理は峠を越した」などと書くのだから、やはり新聞記者は分析力ゼロ。本当なら「預金者を騙し、納税者の力を借りて、銀行はようやく危機を脱出。これからはちゃんと金利を払え。週末も働け」と書かなければいけないはずなのである。

銀行の統合は大間違いだ

これで金融危機は去ったというが、とんでもない認識不足だと私は思う。銀行は何も自助努力をしていない。不良債権がなくなったとしても、銀行には競争力がまったくないのだから、本当の金融危機はこれから訪れると言ってもいいだろう。

二〇〇〇年からは大手都市銀行の合併が相次ぎ、みずほ、三井住友、UFJ、東京三菱といったメガバンクが出現した。国民の間にはなんとなく「金融再編がすんだから、もう銀行は安心だろう」という雰囲気があったが、合併の効果はゼロに等しい。

企業が合併したときには、売上が一＋一＝二・三、コストは一＋一＝一・六になり、そこで〇・七のマージンが生まれて利益が改善するのが通常だ。ところが日本の銀行はそうした自助努力をしていない。私はよくタクシーに乗って新宿通りを走るが、合併によって閉鎖した支店はほとんどなく、ちょっと行くと同じ銀行の看板が並んでいる。これだけでも合併の効果が出ていないことは明らかだ。

案の定、UFJが経営危機に陥り、二〇〇四年七月には三菱東京FGとの経営統合を発表した。ところがUFJ信託銀行との統合を白紙撤回された住友信託銀行が交渉差止め請求を起こし、さらには三井住友銀行が合併に名乗りを上げるなど、ドタバタ劇を演じている。結局、三菱東京FGとの統合を進める方向で落ち着いたが、私に言わせればどちらを選択しようが大間違いだ。いずれも規模の大きさを頼りにしようという話ばかりで、質を改善する方向の話ではないからだ。

これからの銀行に求められるのは「量より質」である。その第一は運用力だが、日本のどのメガバンクにもこの運用力がない。現に不良債権の少ないことが自慢の東京三菱の収益力は、ＵＦＪや三井住友の後塵を拝している。規模が収益力につながっていない何よりの証拠だ。

第二に、世界の資金調達は直接金融にシフトしているから、銀行が生き残るためには投資銀行的機能や証券機能、あるいは個人の資産運用能力を強化するなど、何か得意技がなければならない。ところが日本のメガバンクにはそれがない。

そして第三に、支店の閉鎖が進んでいないことでも明らかなように、日本のメガバンクはリストラをやらない。自然減と採用抑制で五年間に何千人減らすという程度で、一年以内に店舗と人員を大幅に削るといった本当のリストラには踏み込んでいないのだ。

竹中平蔵金融・経済財政担当大臣はかねてから「大手銀行は二〜三行で十分」と言っていたし、彼の思考パターンからすると、ＵＦＪは潰して、外資に売るかトヨタに売るというシナリオを考えていたに違いない。ＵＦＪはその先手を打ち、統合という形で生き残りをはかったというのが真相だろう。

しかしいったんは生き延びても、本当の危機はその後にやってくる。

マスコミは、ＵＦＪと三菱東京ＦＧの統合が発表されると「世界一のメガバンク誕生」などと能天気に報じていたが、これはただ起きている現象を垂れ流しているにすぎない。本来なら論理的思考を働かせて、「これで日本の金融機関は本当に大丈夫なのか?」と疑問に思うべきなのだ。

本当の金融危機はこれから訪れる

仮にＵＦＪと三菱東京ＦＧの統合が実現し、二〇〇五年四月のペイオフ解禁に向けて「金融再生の処理が済んだ」と政府が発表すれば、マスコミはその通りに報道するだろう。現に二〇〇三年、当時金融庁の高木祥吉長官は、来年（すなわち二〇〇四年）四月にはピカピカの銀行しか残っていないと胸を張っていた。その四月から三ヵ月もしないで、ピカピカのはずのＵＦＪが信託の売却やら、自ら三菱にクリンチするやらで、ドタバタ劇を演じたのだ。

仮に再生処理が済んだからといって、日本の金融機関に本当に競争力があるかといえば、ない。したがって、処理が済んで一息ついたと思っても、より大きなショックがドスンと来るのは論理的に言って当然のことだ。

ところが社会学を勉強してきた人たちは、「今まで起こっていないのだから起こらない」というように、そこで奇跡を信じてしまう。奇跡を信じるために「マックス・ウエーバーはこう言った」とか「過去のパターンでは」といろいろなことを言い始め、論理が見えなくなってしまうのだ。しかし論理的に出てきたものは、どうしたって起こるのである。

というのは、金融というのはじつは物理学だからだ。ガチョウに無理やり餌を食べさせ続けて肝臓をパンパンにし、フォアグラを作るがごとく、銀行は国債を際限なく食べ続けてお腹がパンパンの状態だ。もし国債が暴落すれば、お腹の中でダイナマイトが爆発するようなもの。

不良債権処理などより国債暴落のほうがよほど厳しい状況を招くことは、ちょっと考えてみれば明らかだ。

金利にしても雇用にしても、経済というものは大半が物理学だ。物理学的に見ているかぎり、「それ以外にはない」というところに必ず行ってしまうのである。

経済や世の中の動きを見るとき、私はボウリングのゲームを見るように、誰の言うことが当たるかとボールの行方を追って見ている。しかし恐ろしいことに、ほとんどの人は投げた途端にガターに入ってしまう。ボールがレーンに載らずに、いきなりとんでもない方向に行ってしまっているのだ。新聞記者の書く記事などはほとんどがそうである。

私がジャーナリストだったら、こう言うだろう。

「銀行は、預金者に払うべき金利を払わないことだけで生き延びている鵺《ぬえ》のような存在だ。そのおかげで不良債権がなくなったとしても、世界の金融機関の中で生き残っていけるのか」と。

日本のマスコミはすぐに「トップは責任を取るのか」「いつ辞めるのか」という議論に走ってしまうが、トップの首をすげ替えて「責任を取りました」というのは、問題の本質をまったく捉えていない議論だといえる。本来なら「では、どうやって経営を改善していくのか。その具体的な道筋はできているのか」という話が本題で、「今のトップにそれができないのなら、できる経営者に交代すべし」となる。首のすげ替えは、実現のプロセスの一部にすぎないのである。

こうした問題の本質に基づいた思考プロセスで論理的に結論を出していくと、相手に逃げ道がなくなる。私がジャーナリストになったら、相手にとってはかなり怖い存在になるかもしれない。しかし、こうした問題の本質を鋭く見抜く思考プロセスは、これからの時代を生きていくうえで非常に重要になってくる。論理的思考なしには、国の運営も会社の経営も成り立たない時代になってきたからだ。逆に言えば、これまでの思考パターンから脱し、皆が論理的思考力、本質を見抜く思考プロセスを身につければ、日本の国はコロッと良くなる。会社も、そして個々の人生も良くなる、と私は思っている。

「5W1H」のない新聞記事

イラクに派遣されている自衛隊が多国籍軍に参加する問題についても考えてみよう。政府は「多国籍軍の指揮から独立して日本の指揮権が及ぶ」と言い、二〇〇四年六月一六日、朝日、読売、毎日の三大新聞は、いずれも朝刊の一面トップで「米英も了承」という見出しで報じた。しかしちょっとでも論理的な思考回路が働けば、米英が了承するなどということがありえないことはすぐにわかるはずだ。

ジャーナリストに求められる基本中の基本は「5W1H」だが、これらの記事には、いつ（When）、どこで（Where）、誰が（Who）、何を（What）、なぜ（Why）、どのように（How）言ったのか、まったく書かれていない。政府の大本営発表をそのままトップ記事の見出しに刷り込んでいる。これは非常に恐ろしいことだ。

案の定、野党が「米英も了承した」という証拠があるのかと質問を始めるとすぐにボロが出てしまい、外務省がデッチ上げた書類しかないことがわかった。米英の誰が言ったかもはっきりせず、米英側からもらった書類があるのかという質問にも「それは出せない」としか言えない。結局、六月一八日に川口順子外相が、「米英の了承」はじつは大使に次ぐ地位でしかない公使による「口頭了解」でしかないことを明らかにした。これではとても担保された「了承」とは言えない。

つまり最初の「米英も了承」の新聞報道は捏造記事に等しく、三大新聞が政府と協力しあって国民を騙そうとしていたわけである。新聞やテレビの報道を簡単に信じては危険だ。とくに「5W1H」がないときは、よくよく注意しなくてはならない。

では新聞記者は、政府が自衛隊の多国籍軍参加を発表し、「米英も了承」と言ったときに、どう質問するべきだったのだろうか。それを練習問題にしてみよう。

練習問題

あなたが新聞記者なら、自衛隊の多国籍軍参加に関してどんな質問をしますか？

論理的思考をちょっとでも働かせれば、自衛隊の多国籍軍参加というのはそもそもありえないことである。

まず第一に、自衛隊は最初から軍隊としてイラクに派遣されたわけではない。イラクの復興支援を目的に「軍隊ではない」という前提で行っている。だからその活動は、あくまでも「非戦闘地域での復興支援」に限っている。非戦闘地域といっても危険が伴うかもしれないので、NPO（非営利組織）や民間企業ではなく、「より訓練されている自衛隊を」という理由で送られただけなのだ。つまり「軍隊」という前提条件そのものが間違っている。

それがいつの間に多国籍軍の一員、つまり軍隊になってしまったのか？

「5W1H」的に言えば、こうした質問がなければならない。

自衛隊の多国籍軍参加はナンセンス

普通の国なら給水活動や医薬品の配給、学校での支援活動などはNPOが行う活動だ。本来なら自衛隊が行くまでもない活動をするために、多国籍軍に紛れ込んでしまうことなどありえないはずだ。

より良い質問の例としては、まず「ノルウェーのNPOは多国籍軍に入るのですか？」と聞いてみる。答えは「ノー」に決まっているから、「そのときの指揮権はどうなるのですか？」

と質問を続ける。「お前、馬鹿じゃないか」と相手が呆れるなり怒ったりしたら、「自衛隊は軍隊としてではなく、支援活動のためにイラクに行っているはずで、活動内容はノルウェーのNPOと同じ。だとすれば、自衛隊は日本から行ったNPOと同じ立場と考えられる。どうして多国籍軍に入るのですか？」と質問すればいいのである。

先に述べたように、イラクに派遣された自衛隊の位置づけはノルウェーのNPOと同じだから、この質問は、「ノルウェーのNPOは多国籍軍に入りますか？」「そのとき、ノルウェー政府の権限はそこに及びますか？」と聞くのに等しい。そう考えてみると、自衛隊が多国籍軍に参加すること自体がいかにナンセンスかがわかるだろう。

この程度の簡単なことでさえも日本中の国民が催眠術にかかってしまい、しかもインテリのはずの新聞記者たちがそれに完全に付和雷同し、間違ったことを伝えてしまう。私が言いたいポイントは、日本のマスメディアがそうした媒体になってしまっていることの恐ろしさだ。

事実を確認しておくと、アメリカのマクラレン大統領報道官が記者会見で言ったのは、「多国籍軍全体は米軍司令部によって監督される」としたうえで、「日本には複雑な事情があるから、配慮しなければいけないだろう」ということだった。日本政府が発表した内容とはまったく違うし、「米英も了承」などという新聞記事にはなりえない内容だった。

さらに、ジャーナリストなら次の質問をすべきだ。

「ところで自衛隊は今週、およびこの一ヵ月の間にサマーワで具体的にどんな活動をしたのですか?」

この答えを聞けば、自衛隊の実態がよりはっきりするだろう。すなわち、自衛隊員に万一のことがあったら政権を揺るがしかねないので、じつは宿営地から一歩も出ていないことを白状するハメとなる。そうなると、一日一人一〇万円近くかかっている危険地手当に見合った仕事をしていないのではないか、早く帰ってくるべきではないか、という当然の議論につながっていく。

ところが日本人の多くは、政府が発表すると「そうか、多国籍軍に参加するといっても、自衛隊の指揮権は日本政府にあるのか」「いざとなったら、日本の判断で帰ってこられるのか。よかった」と思ってしまう。今回のケースではすぐにボロが出てきたので「待てよ」となり、ようやく「ブッシュと同じくらい小泉もウソつきなんじゃないか」と気づき始め、参院選前になって小泉人気も凋落した。論理的な思考回路を身につけなければ、国家の命運さえも誤ってしまいかねないのである。

当たり前のことで日本企業は再生できる

立場よりも事実に対して忠実になれ

日本人が論理的思考が苦手なのは、日本人のメンタリティーにも原因がある。論理的思考のベースには事実の積み重ねがあるが、そもそも「事実に対して忠実になれない」日本人が多いのだ。売上が伸びないのは製品が悪いのか、売り方が悪いのかというときに、日本の会社では営業部長は「製品が悪いから売れない」と言い、製造部長は「売り方が下手だから売れない」と言う。そもそも営業部長にとっては、「製品が悪い」ほうが自分に都合がいい。「設計をもっとしっかりしろ。製造部はコストを下げろ。コストが高いから売れないんだ」と他人のせいにできるからだ。

もともと営業畑の人たちは製造部を憎む遺伝子を持っているし、製造部は製造部で「営業がしっかりしないから、いい製品を造っているのに売れないんだ」と思いながら育ってきている。

しかし論理的思考においては、まず事実に対して忠実であることが前提である。調査の結果、仮に売れる営業マンが何十人もいたとしよう。これだけ売れる人間がいるということは、製品が悪いはずがない。にもかかわらず営業部長が「製品が悪いからだ」と言ったとしたらどうなるか。これでは事実に基づく正しい分析ができないし、正しい結論も得ることができない。この営業部長は事実に対して忠実でなく、自分のセクション、自分の立場に対して忠実なだけなのである。

こういう人たちがいくら集まったところで、問題は絶対に解決しない。結局は声の大きな人間の意見が通るか、社長が営業出身なら営業側の意見が強くなり、製造出身だったら営業はいつも虐げられることになる。これではサダム・フセイン政権の下で、少数派のスンニ派が多数派のシーア派を虐げていたときのイラクとほとんど同じ状態だ。イラク内部に憎悪が生まれたように、これでは社内に憎悪が生まれてしまう。本当は顧客のことを第一に考えなければいけないのに、社内の憎悪によって経営が歪められてしまうのである。

もし事実に対して忠実なら、自分がどの立場にいるかは関係がないはずだ。事実が出てきたらそれに対して忠実になり、その事実を素直に認める。でなければ物事の本質を見抜くことはできないし、正しい解決策を生み出すためのプロセスを踏むことなど不可能だ。解決策を生むためには、まず自分がバイアスがかかっていない状態に身を置かなければいけない。

たとえ自分の感情がどうであれ、出てきた事実に対しては謙虚になる。それが問題解決のための絶対の前提条件なのだ。

社長を説得する勇気をもつ

ところが困ったことに、九九％の人は自分ではバイアスがかかっていないと思っているものだ。太平洋戦争のときに日本人の九九％が「鬼畜米英」と言っていたのと同じで、いったん思い込むと疑うことを忘れてしまうのである。

ところが戦争が終わって三日もすると一転して米英礼賛になり、「ギブ・ミー・チューインガム」になった。戦艦ミズーリ号で降伏文書の調印が行われたのだが、その乗組員だったデービッド・ハーツという男がマッキンゼーに勤務していて、私にこう言っていた。

「俺たちは〝日本人というのは獰猛な人種だから、上陸したときには絶対に日本人に背中を向けてはいけない。一人で歩かずに必ず集団で歩け。自衛しながら歩け〟と訓示を受けて東京に来た。ところが、いざ街を歩いてみると、〝ハロー、ハロー〟とみんな驚くほど友好的だった。街を歩いたのは降伏文書調印の三日後だったが、あの凄惨な戦いを最後まで戦った日本人はどこに行ったんだろうと思ったよ」

たしかに彼の言うように、おかしな話ではある。だが、どちらも同じ日本人なのだ。何が違うかと言えば、そのときの立場が違っただけなのである。戦前・戦中は軍部に睨まれたら困ると思い、みんなで「鬼畜米英」と言って万歳、万歳と叫んでいた。立場が変わってアメリカの占領下になると、占領軍に従順なほうが都合がいいから、「ギブ・ミー・チューインガム」と「ハロー、ハロー」になるというだけのことなのだ。

じつは今も、会社の組織の中ではまったく同じことが行われている。社長が代わっただけで、発言がコロッと変わる人間がいるし、営業か製造か、出身によっても発言が変わる。こういう連中の最大の欠点は、事実に対して目をつむるということだ。

繰り返すが、問題解決に必要なのは、まず事実を認めたうえで「正しいことは何か、なすべきことは何か」を考えることである。たとえ社長が反対の立場であっても、それを説得する勇気をもつ。どんなに相手が嫌がっても、事実に対しては忠実になる。これが問題解決の大原則である。

問題を解決できない会社は、この点が決定的に違う。カネボウはなぜ花王への化粧品事業売却を断ったのか。その理由は「組合の反対が強いから」ということだった。しかし組合の言いなりになるくらいなら、最初から組合に経営してもらえばいい。意思決定権が組合にあるのなら、五〇〇〇億円を超える借金も組合に払ってもらえばいいのである。

「組合が」というのは、事実からの逃避でしかない。事実から逃避するような経営者は、最初から「自分には経営者は務まらないので辞めます」と言って交渉の当事者であることを放棄していなければならなかったのだ。花王と交渉を始めた以上、組合がなんと言おうと信念を持って組合を説得し、やりとげなければ経営者とは言えないのである。

新聞も、こんな民事に国の再生機構が出しゃばることを非難しなくてはいけない。自由主義経済なら、この程度のことに国家が動き、国民の金が出動する幕ではないからだ。

しかし、カネボウのケースはけっして他人事ではない。こうしたことは企業の内部では日常茶飯事だからだ。

〝同質性〟のぬるま湯から出よ

日本の企業で、なぜこんな理屈に合わないことが起こるのか。そのベースには、同質の人たちが好まれる社会風土のようなものがあるように思う。発想の似ている人を好む。同じ部類の人を好む。理由は、そのほうが苦労がないからだ。意見も一致しやすいし、対立する相手がいないのだから居心地がいい。「そうだよな」「うん、俺もそう思う」で話がすむし、もし異論をはさむ人間がいれば「それがうちのやり方だから」で通ってしまう。楽ちんなことこの上ない。

しかし、こんな同質の集まりに身を置いてしまうと、問題解決の訓練をするチャンスを失ってしまうことになる。

営業畑と製造畑の例でいえば、営業部全体が同質の集まりとして徒党を組んで、「製品が悪いから売れない」と、悪いのはいつも相手であるという前提から攻撃が始まる。製造部は製造部で「製品はいいのに、営業がだらしない」という前提で攻撃をする。お互いに相手の意見を聞かないのだから、改善のしようがない。そして会社は問題解決ができずに、崩壊に向かっていくのである。

自分の意見が相手の意見と違うときに、事実に裏打ちされた信念を持って、どうやってその意見を相手に納得してもらうか。そういう努力を平素から行っている企業と、同質の集まりの中で訓練をまったくしていない企業とでは、極めて大きな差が生まれてしまう。

日本人が恵まれていないのは、もともと同質性があるという点だ。これは日本の良さでもあるが、困難に陥ったとき、激しい国際競争にさらされたときには弱さとなる。

同質性がある中で、さらに立場や部門、あるいは派閥によって、より同質性の強い人間だけで固まる癖がある。そこでは居心地のよさ、同質性の維持こそが第一の命題になってしまいがちだ。だから会社が非常に大きな問題に直面したときに、事実を素直に受け止めて、それを自分や自社にとってのチャレンジだと思ってぶつかっていく精神がないし、そうしたトレーニングが日本人および日本企業の中には、ほとんどないと言っていい。たとえば、雪印乳業が北大の農学部を中心にまとまっていたのは薄気味悪いくらいである。卒業年次で会社の中の順列が決まり、会社存亡の危機に襲われたときにはもろくも崩れてしまった。

対照的なのはアメリカで、もともと異質な人たちがいるうえに、中西部と東部と西部ではカルチャーが全然違う。あらゆる人種や民族が集まっているし、宗教を見ても多種多様だ。たとえば一〇人のチームを組むと、集まったメンバー全員が違う背景を持っていることも珍しくない。

彼らは学校時代から異質な者同士の集まりの中にいるから、自然と問題を解決していくトレーニングのチャンスが多い。世界企業を運営していくとき彼らのほうに一日の長があるのは、ある意味で仕方のないことだろう。

だからこそ、日本企業の中でもトヨタのように世界のトップで戦っている会社は、常にトップが新たなチャレンジを掲げ、社員たちは皆「自分たちが一つでもサボったら、明日にも潰れるかもしれない」という危機感を共有している。日本一の収益を誇る会社が、ほかの会社よりもむしろ危機感を持ってやっているのである。

逆に、つぶれるべき会社は危機感がなく、「組合が」などといっている。まったく象徴的な話ではないか。

「自己否定」が優良企業の条件だ

世界のマーケットで競争力を持っている日本の優良企業は、同質性のぬるま湯にひたることなく、社内で挑戦的な目標を掲げてやっている。それは言い換えれば「自己否定する勇気」と言ってもいい。「まだ駄目だ、まだ駄目だ」という自己否定によって、常にベストを求めて変革する力が働いているのである。ここが競争力を失った会社との大きな違いなのだ。

自己否定のできない会社のトップは、それまでの成功体験があるために、常に自分を美化しようとする傾向がある。時代が変わり、自分の成功体験に基づくやり方が通じなくなっても、それを認める勇気がないのだ。いつまでも過去の成功というノスタルジアに浸っているから、会社自体が自己変革できない硬直した組織になってしまう。

トヨタは、もとはといえば三河の田舎の会社で、ともすると同質性に陥りやすい性質を持っているといえるだろう。しかし目標を世界の中で一位になることに置き、フォードを抜いても「まだGMがある」と言って常に上を目指し、同質性のぬるま湯に浸ることを絶対に許さない。幸い日産も回復したし、ホンダも強いということで、ちょっと油断すれば国内の会社にも追いつかれるという危機感もある。トヨタには、これだけ収益が出て強くなっても、リラックスする兆しはないようだ。

こうした世界の優良企業に共通して言えることは、異質性をどんどん取り込んで、それを企業カルチャーの中に上手に前向きに取り入れていることである。

たとえばGEは、一九八一年に会長になったジャック・ウェルチがコンフロンテーションという制度を取り入れた。簡単に言えば、ある意見に対して「自分は違うと思う」という人間には正式に手を挙げさせ、相手のところに行って違う意見を言わせる。そしてお互いに意見を戦わせ、埒が明かなくなったら第三者を社内から審判員として呼んでくる。その審判員の前で、二人が事実をもとに意見を述べ合い、最終的に審判員が「こちらが正しい」という判断を下すのである。

この制度を取り入れたことで、GEは社内における問題解決が格段に早くなった。しかも、審判員のように仲介に立つ人間は、何度もこれをやると昇進するシステムになっている。なぜなら、審判員として呼ばれるということは、それだけみんなから信用されている証拠だからだ。

こうしてＧＥは、大きな問題を長期間放置することができない仕掛けを作ったのである。

Ｕ字管現象とＪ字管現象

一方、競争力のない日本の企業には、「Ｕ字管現象」というものがよく見られる。何か問題があると、たとえば設計部門のトップから「問題はあいつらだ。営業が悪いんだ、うちの会社は。よく言っとけ！」という指示が出され、部長、課長、平社員へと下りていく。いちばん下の人が営業部門の仲間に「うちのトップがおまえのところのトップにそう言っておけ、と言っていた」と伝える。そしてこんどは下から順に、上のほうに伝えられる。

すると営業のトップは、設計のトップと直接話をしないで、「バカなことを言うな。こんな設計で競争に勝てるか」と部下に言う。かくして情報伝達はＵ字管に沿って往復するだけで、何も問題は解決しない。トップ同士の会う役員会を毎週開いていながら、この惨状なのだ。

もっと悪いのは「Ｊ字管現象」で、「そんなこと、うちのトップには言えない」ということで、上に行く手前で止まってしまう。

こうした組織では、トップや異部門同士でとことん話し合うことがなく、問題認識の共有をしないために、事実を調べようということがない。事実を直視するという手前で止まってしまうから、問題解決の入り口にさえたどり着けないわけだ。

じつは外部のアドバイザーが日本で商売になる理由は、そういう日本企業の体質にある。自分では何も改革できないからだ。それで、にっちもさっちも行かなくなって、仕方なく外部のコンサルタントを雇うことになる。外部から入ってきて、まったく第三者的な立場で「事実はこうなっています」と言えば、それまで自分に都合の悪い話には耳を貸そうとしなかった連中も、「社長が呼んできた人間が言うんだから仕方ない」ということでしぶしぶ動き出すというわけだ。そしていったん問題解決のノウハウを持ち込むと、日本の企業は非常に大きな成果を生み出すのである。

これがGEのような会社だったら、「もっと収益を出せ」と言われても難しいし、トヨタに「コストダウンをやってほしい」と頼まれても、私はそのテーマでは引き受けないだろう。おそらく、GEもトヨタも、雑巾をこれ以上は水が出ないというくらいに絞り切っていると思われるからだ。もちろん、他のテーマで貢献できるところはたくさんあるので、別に心配する必要はないが。

ゴーン革命成功の本当の理由

日産はゴーン氏を経営トップに迎えることで成功したが、ゴーン氏の効き目があった理由ははっきりしている。それは、〝絶対権限〟を取り入れたことだ。

外部のコンサルタントは絶対権限なしに雇われているだけだから、いくら解決策を提言しても、聞き入れられずに「出ていけ」と言われたら退場するしかない。その点、ゴーン氏はいわば占領軍から来た絶対権力、マッカーサーのようなものだ。

ゴーン氏は、生産と購買の連中から見れば悪魔であり、鬼である。しかし有無を言わさずにやったら、いつの間にか英雄になり、経営の神様にされてしまった。

しかし彼が実際にやったことといえば、収益改善のために購買費用の二割カットを掲げて「そんな高い部品を買うのはやめなさい。値下げをさせるか、もっと安いところから買いなさい」と言っただけだ。当たり前すぎるほど当たり前のことである。それに対し、「先輩の会社を切ることなんてできません」と抵抗すれば、「それが嫌だったら会社を辞めなさい」と答えるだけの話である。なにしろ絶対権限が言うのだから、「ひどいヤツだ」と思いながらも系列会社や先輩のやっている会社を切るしかない。

おそらくこうしたゴーン社長の活躍の陰には、前任者でゴーン氏を連れてきた張本人でもある塙義一前社長の存在がある。購入費カットや下請け会社の切り捨てといった交渉ごとをすべて引き受け、ゴーン氏が自分の思いどおりにやれるように環境を整備するという、表からは見えないところでのサポートがあったに違いない。だからゴーン氏は、当たり前のことを言っているだけでよかった。何か異論を挟んでくる人間には「ジュヌセパ」（わかりません）と言っていれば、改革はどんどん進んでいくからだ。

自分のやり方が日本企業でこれほどの効果を上げるとは、おそらくゴーン氏自身も思っていなかったのではないだろうか。そしていざやってみたら、本人もびっくりするほどの効果があった。ゴーン氏は「なぜ成功したか」という講演を何回もやっているうちに、なんとなく自分に力があったように錯覚してしまっているかもしれない。

しかし、ゴーン氏のやったことは、日産に本来の力がなければ実を結ばないことばかりである。自動車を作り、収益を出し、売上を伸ばすということは、そう簡単なことではない。三菱自動車のような優れた技術力を持った会社でも、欠陥が次々に出てリコールの連続である。そういう難しい業界にあって、日産は技術的な問題はほとんどクリアしていた。だからこそ、自分の裃につまずいてひっくり返っていた状態から、短期間で再生ができたのだ。逆に言えば、日本企業においては経営力の問題、組織の問題がいかに深刻かということである。

普通の会社にはゴーン氏のような絶対権限が存在しない。だから会社は収益でもシェアでも、極限まで追い詰めることができていない。営業対製造というように社内に内ゲバがある場合には、その手前で止まってしまう。もともとのポテンシャルは高いのに、本気で問題解決に取り組まないために業績が伸びない。日本企業の最大のもったいなさはそこにある。

もともと日産の社員たちは、U字管、J字管の組織の中でも結構いい商品を作っていたから、なんとなく売れて利益も出ていた。だが社内外に集団・徒党ができていたために、全体から見れば非常に大きな事業機会、収益機会を逃していた。雑巾を絞りきっていなかったのである。

ほとんどの日本の企業は、ゴーン氏が来る前の日産のような体質を多かれ少なかれ持っている。先輩が勤めている販売店には強いことは言えないとか、先輩が天下っているメーカーにはきついことは言えないといって、なあなあになり、傷をなめ合っている。しかしそれでは、どんなに巨大な企業であっても、今の時代を生き抜いていくことなど不可能なのだ。

世界中の企業は類似していく

そもそも経営というのは、本来、ユニバーサルなものである。一九八〇年代には日米の経営システムの違いがさまざまな形でクローズアップされたが、本質的にはほとんど違いはない。終身雇用や年功序列制度も、じつは日本固有のシステムではなく、アメリカ企業にも存在していた。私がマッキンゼーに入ったばかりの頃、つまり七〇年代前半のアメリカでは、大企業がレイオフすることもなかったし、いったん大企業に就職すると、ずっと社内で出世していくというパターンがほとんどだった。

ところが七〇年代後半になると、アメリカでは高度成長が終わり、リストラの時代が始まった。レイオフが盛んに行われるようになり、リクルートやヘッドハンティングが盛んになった。年功序列ではなく、若くても能力のある人間は給料が高く、キャリアを積んできた中高年層でも、実績を上げなければ給料が安いケースがどんどん出てきた。終身雇用で社内で昇進することが唯一の選択肢だった時代が終焉を迎えたのである。さらに機関投資家が増えたために、アメリカ企業では株主の発言力が非常に強くなり、企業は四半期ごとに利益をコンスタントに上げることが求められてきた。

つまり、今でいうアメリカ型の企業スタイルや経営手法というのは、せいぜい八〇年代になってから始まったもので、それまでは日本企業と本質的にはほとんど差がなかったのである。日米の差異が生まれたのは置かれた状況の違いによるもので、バブル崩壊後、景気低迷に苦しんできた日本企業が、かつてのアメリカ企業と同じ方向に向かっていることは、ある意味で必然的なことなのだ。

たとえばドコモの副社長だった津田志郎さんが、ライバルのボーダフォンに社長としてスカウトされた。これはニュースではあるが、同時にトレンドでもある。これから先、日本に進出している外資は困ったときには業界一の腕利き経営者を高額で狙うだろう。ヘッドハンターもこれを商売にするに違いない。気がつけば今のドイツのように、アメリカ式ヘッドハンティングが日常茶飯事となっているかもしれない。

そしてこれからの時代は、日米に限らず、世界中の企業が必然的に似てくるだろうと私は思っている。すでに企業は自分がどの国に所属するかというような枠組みをとっくに離れ、国境を自由にまたいでボーダレスな世界で活動を行っている。変化のスピードについていくために、生産性の効率化のみならず、意思決定を速くする組織の効率化がますます図られていくだろう。これは企業が新しい経済の中で勝ち残っていくうえで、当然求められることだからだ。

旧態依然としたぬるま湯体質から抜け出せない企業は、新しい経済システムから退場するしかない。それは、ぬるま湯につかりきっている個々のビジネスマンも同様だ。これまでほとんどの日本人は、論理的に考える訓練をする機会に恵まれてこなかった。それは右肩上がりの社会で、論理的思考を駆使しなくても、人勢に従っていればなんとなく仕事ができてきたからである。しかしこれからの社会では、そうはいかない。

新しい世界では、企業に所属する人間であっても、個人としての能力が求められるようになる。物事の本質を見抜き、自らの力で問題を解決する力、新しいアイデアを生み出したり、新規事業を立ち上げたり、あるいはライバル企業を打ち負かす戦略を立てる力がなければ、所属する企業からも退場を迫られる時代になるだろう。

だからこそ、今すぐに一人一人が論理的な思考回路を鍛え、来るべき世界に備えなければならないのである。

練習問題

あなたがフェニックス・キャピタルから、五〇億円の成功報酬で三菱自動車のCEOにスカウトされたらどうしますか?

また、CEOを引き受ける場合、どのように三菱自動車を立て直しますか?

三菱自動車の株主構成から背後の動きを読み取る

まずこの問題に関しては、新聞情報を鵜呑みにしていると非常に危険であることを指摘しておく。少なくともこの仕事を引き受けるかどうかという命題に関しては、株主構成を眺めてから考えるべきだ。つまり、CEOに対する生殺与奪の権限を持つのが誰なのかを見ておかなくてはならない。

三菱自動車の二〇〇四年三月末時点での株主構成は表3－1のとおりである。「ダイムラーから依頼された三菱重工や三菱商事もバックアップしてくれる」という点が確認されていれば、問題はなさそうだ。しかし、この数年で何人も経営者が代わっているので、引き受けた後に株主間の葛藤に巻き込まれて理不尽なやり方でクビにされてはたまらない。だから普通なら、「相手の都合で辞めさせられるときには違約金を払ってもらう」という条項を契約に盛り込むことが肝心、という話になる。

ところが六月以降は、三菱自動車の株主が大幅に変わってきた。大きなポイントは、三種類の優先株を出していることと、フェニックス・キャピタルに七四〇億円分の普通株を発行していることである（表3－2）。これによって三菱自動車は五〇〇〇億円の資金調達をし、いったんは安定化の方向に向かうと思われていた。

さらに増資の完了した七月一五日以降の株主構成は、表3－3のようになっている。何とフ

表3-1　三菱自動車の株主構成
(04年3月末時点)

順位	株主名	所有株式数(千株)	持ち株比率(%)
1	ダイムラークライスラー	499,856	33.70
2	三菱重工	219,871	14.82
3	三菱商事	77,354	5.21
4	キャピタル・ガーディアン	61,381	4.14
5	ダイムラークライスラー・エムエムツェ・ベタイリングスゲゼルシャフト・エムベーハー	48,516	3.27
6	三菱信託	45,129	3.04
7	東京三菱	43,026	2.90
8	日本トラスティ・サービス信託	25,173	1.70
9	日本マスタートラスト信託	24,037	1.62
10	ザチェースマンハッタンバンクエヌエイロンドン	22,944	1.55

注：発行済み株式総数は1,483,439千株
資料：三菱自動車HP

表3-2　三菱自動車の第三者割当増資概要(億円)

出資社名	出資額	出資形態
三菱重工・東京三菱銀行など13社	1,660	A種優先株
東京三菱銀行・三菱信託銀行	1,300	G種優先株
JPモルガン	1,260	B種優先株
フェニックス・キャピタル	740	普通株
合計増資額	4,960億円	

注：A種優先株：資本増強の一環となる優先株
　　G種優先株：債権を株式に振り替える優先株
　　B種優先株：株価変動に応じて転換価格の下方修正ができる優先株

資料：各新聞、三菱自動車HP他より

©BBT Research Institute

表3-3　三菱自動車の株主構成(増資実施7/15以降)

順位	株主名	所有株式数(千株)	持ち株比率(%)
1	フェニックス・キャピタル	740,000	33.28
2	ダイムラークライスラー	499,856	22.48
3	三菱重工	219,871	9.89
4	三菱商事	77,354	3.48
5	キャピタル・ガーディアン	61,381	2.76
6	ダイムラークライスラー・エムエムツェ・ベタイリングスゲゼルシャフト・エムベーハー	48,516	2.18
7	三菱信託	45,129	2.03
8	東京三菱	43,026	1.94
9	日本トラスティ・サービス信託	25,173	1.13
10	日本マスタートラスト信託	24,037	1.08

注：発行済み株式総数は2,223,439千株
資料：三菱自動車HP他より

©BBT Research Institute

エニックス・キャピタルというプライベートエクイティ（ＰＥ）の会社が筆頭株主になっているのだ。この会社は着物の市田の再建などに若干の実績はあるものの、自動車にも大会社の経営にも素人の、元三菱銀行出身の人が経営する会社である。そしてダイムラーはこの時点で二二％に持ち株比率を落としており、長期的には手を引くと報道されている。

とくに問題は表３－２にあるＪＰモルガンにあてて発行したＢ種優先株の中身だ。詳しく調べると表３－４のようになっており、投資した一二六〇億円の優先株を、株の時価に応じて有利な条件で普通株に転換できる条項が盛り込まれている。たとえば株価が三〇円になれば四二億株に転換できるのだ。

実際、七月末の株価は九七円で時価総額は一一五七億円に過ぎない。ＪＰモルガンは株主でありながら、空売りなどをして株価を下げてしまえば、最終的には六五％の株式を支配できることになる（表３－５）。さらにフェニックス・キャピタルと組めば株式占有率は三分の二以上となり、完全支配が可能になる。

東京三菱銀行ともあろうものが、なぜこんな馬鹿げた仕組みを許したのか、じつに不可解だ。私はすでに七月の時点で、夕刊フジや雑誌『ＳＡＰＩＯ』に「これは東京三菱銀行による迂回融資ではないか」という推察を載せている。

このような流動的な株主構成の中で、落ち着いた経営改善を実行していくことは極めて難しい。したがって「ＣＥＯは断る」というのが常識的な判断であろう。

表3-4　JP モルガンに発行したB 種優先株の主な特徴

◆株価変動に応じて転換価格の下方修正が可能
（転換価格は最低30円まで引き下げ可能）

転換価格は7月16日以降の「売買高加重平均価格」で決定

試算：	JPモルガンの出資額		転換価格		転換可能普通株式数
ケース①	**1,260億円**	÷	**100円**	＝	**12.6億株**
ケース②	**1,260億円**	÷	**50円**	＝	**25.2億株**
ケース③	**1,260億円**	÷	**30円**	＝	**42.0億株**

→株価の下落局面でも、下方修正に伴って入手できる普通株の数量は増加

◆今年の8月から9月には普通株への転換請求が可能

表3-5　試算：JP モルガンの三菱自動車株式保有割合
（B 種優先株から普通株への転換後、%）

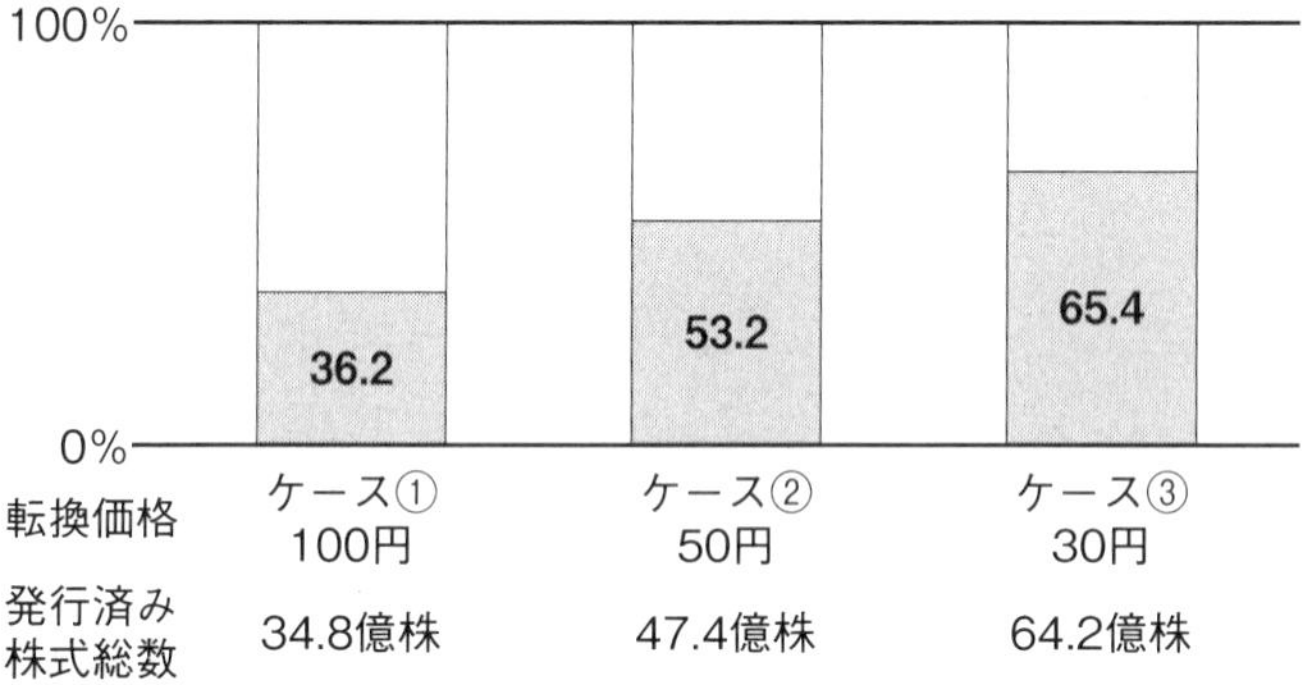

注：三菱自動車の増資後の発行済み株式総数は22.2億株

しかし私なら、このような株の動きを察知した上でCEOを引き受けてみたい。その条件は、先程と同じ〝ゴールデンパラシュートつき〟で、かつまた〝アップサイドに参画できる〟というものである。ゴールデンパラシュート（金の落下傘）というのは、「いざクビになったら、たっぷりお金を弾んでもらう」という条項のアメリカ的表現である。また、アップサイドというのは業績を改善、あるいは予想よりも高く売却できたら、その儲け部分の分け前をよこせ、というものだ。こうした条件を詰めたうえで、CEOの仕事を始めるのである。

だが、会社の売上が対前年比五〇％程度しかなくなっている場合には、コストダウンしても利益が出るようにはならない。とくに販売店は、ギリギリまでがんばって売っても少々の利益しか出ない構造となっている。だから着任早々販売店の倒産、離脱などに見舞われることになる。

こうなると、もはや三菱自動車一社の自助努力で立て直すことは困難なので、一刻も早く〝白馬の騎士〟を探さなくてはならない。当然、金融のプロのフェニックスやJPモルガンも誰かに売り抜けて鞘を抜こうとしているに違いないから、この交渉で主導権をとることが大切である。問題は〝白馬の騎士〟となってくれる会社だが、ダイムラーも辟易して逃げ出したような経緯があるから、外国の会社は難しいかもしれない。買うとすれば韓国の現代自動車か、中国のビッグ3の自動車会社のどれかということになるだろう。

日本ではトヨタが下馬評に上がったことがあるが、独禁法などクリアしなくてはならない問題も多い。日産は、ゴーン改革の再現ができれば、国内市場占有率を五％くらい上げて第二位の地位を不動のものにできる。また、崩壊する販売店の問題も日産のチャンネルを使えばダメージは小さいので可能性はある。

この段階では以上の四つの可能性の比較検討をして、積極的に相手と交渉を開始するが、これがＣＥＯとしての最大の仕事となる。コストダウンとか経営改善は、このように緊急の場合には二の次だ。ここでの最大の課題は、「キャッシュで詰まらないこと」だ。相手との交渉の中で比較検討し、もっともいい条件を出しそうなところと本格交渉をする。その上で、獲物を狙っている主要株主の合意をとる。よい値段で売れれば、株主だけでなく自分も分け前をもらえることは言うまでもない。

新聞報道の裏を読み取っているか？

このような仕事は日本人は苦手であろう。しかし三菱自動車は、今回の増資では明らかにそうしたことを生業とする人々を主要株主に入れてしまった。これは三菱グループが意図的にやったのか、結果として嵌《はま》ってしまったのか、今の時点で明らかではない。だが、すべてはもう過去形である。

私は三菱自動車の増資の仕方を見たとたんに、この背後にある動きを読み取ることができた。私がここで使った表などの数字や情報は、探せばどこにでも出ているものばかりだ。ところが新聞などは、そうした当たり前に公表された情報の分析、背後にある動きなどを追いきれていないのだ。

そこで、皆さんはどこまで新聞報道などの裏を読み取っていたか、ある意味試すつもりでこの課題を出してみたのである。新聞記者たちも最近の複雑な金融の動き、ＵＦＪやダイエーをめぐる駆け引きの実態などを追いきれていない。だからこそ、新聞を読んで分かったつもりになることは危険なのだ。納得できるまで、「本当の動きは何だったのか」「仮説を検証する方法はあるのか」など、時間をかけて自分の思考を鍛錬していくしかないのである。

第4章

非線形思考のすすめ

線形思考では通用しない

科学的アプローチと人文学的アプローチ

私の論理的思考の根本には、私なりの科学的アプローチがある。

経済のことなど何も知らなかった私がマッキンゼーで仕事をやってこられた理由も、学生時代から培ってきた科学的な思考力にあったように思う。原因を見つけて事実を解明していく科学的アプローチが、マッキンゼーの仕事にピタリとはまってしまったのである。

『企業参謀』がベストセラーになった後、英語で本を書いてくれと言われ、『企業参謀』をベースに『マインド・オブ・ザ・ストラテジスト』（マグロウヒル社）を出した。この本にしても私はエンジニアの延長線上で書いたものだと思っている。ところが『マインド・オブ・ザ・ストラテジスト』は、後に出版した『ボーダレス・ワールド』とともに、フィナンシャルタイムズが選んだ孫子以来四〇〇〇年の間に著わされた経営書トップ五〇に入っている。トップ五〇に二冊入っているのは、私とピーター・ドラッカーの二人だけである。つまりエンジニアの延長線上で、科学的アプローチで書いた本が、経営書として高く評価されているわけだ。

では、科学的アプローチとはどのようなものか。端的に言えば、人の言うことを「そうですか」と思わないことである。たとえば「空は青い」と言われて、「そうか、空は青いのか」と思ってしまうのは文学的なアプローチ。「どうして？」と聞いて、空が青い理由を探究しようとするのが科学的アプローチである。

私は学生時代から人の意見に安易に同意したことはないし、自慢ではないが親や先生や上司の言うことを聞いたことがない。昔から人の言うことに対して「ああ、そうですか」と言うのが嫌いな性格なのである。「本当ですか。それはどうしてですか」と問わずにはいられない。真実は何かを追求することもせずに、安易に「そうですか」と思いこむことが大嫌いなのだ。

ほとんどの人は「空は青い」と当たり前のように言うが、ヒマラヤの頂上で空を見ると、じつは空は黒い（三浦雄一郎さんの話）。飛行機に乗ったときも、たとえばコンコルドに乗ると空は黒いのである。空が青いのは対流圏の中だけの話で、もともと空は青いわけではない。「空が青い」としたら、それには必ず理由がある。その理由を知りたいと思い、後になってプリズムや波長の散乱を勉強すれば、光の中でいちばん短い波長である青色が乱反射して我々の目に届いていることがわかる。「なぜですか」と質問していくことで、我々の思考は解に向かって進んでいくことができるのである。ところが先生に言われた通りに「空は青い」と覚えてしまったら、思考はそこで停止してしまうのだ。

今の経済は複雑系だ

すべてのことには原因があるはずだが、今の世の中では、原因が同じだからといって結果が同じとはかぎらない。

ニュートン力学や線形思考では、原因が同じなら結果も同じになるが、複雑系の世界ではそうはいかない。線形思考とは、方程式に当てはめれば必ず正解が得られるという直線的な思考方法だ。一方、非線形または複雑系の世界では、初期条件がほんのちょっとでも違えば結果は予測不可能になる。

たとえばリンゴが落ちるときは、万有引力の法則を用いれば、どこに落ちるか、どのくらいのスピードで落ちるかが計算できる。

ところが葉っぱが一枚枝から落ちたときに、「どこに落ちる？　どのくらいのスピードで落ちる？」という問いには、結論が出せない。なぜなら、葉っぱは空気の抵抗を受けながら、まっすぐに落ちるということがないからだ。「だいたいこのあたりに落ちるだろう」ということは言えるが、それでも急に横風が吹いてきたらスーッと遠くに行ってしまうことだってある。風の関数や、どんな枝からどういう状態で落ちるかという初速の関数が関係してくるし、そもそも葉っぱの形は全て微妙に違っている。

今の世の中はまさにそのような状況である。ボーダレス・ワールドでは、経済分野だけとっても世界中が繫がっている。トレーダーが自己資本の一〇〇倍、あるいは一〇〇〇倍ものマルチプル（倍率）の金を動かして、世界経済に影響を及ぼしてしまう。つまり、国の政策決定者だけでなく、個々のトレーダーが経済の意思決定に入ってきてしまうのだ。

したがって、お金の流れは国の中だけで決めることができない。世界中をものすごいスピードで莫大な量のお金が流れているからだ。ケインズ経済学のように、閉鎖経済で国内の需要と供給の関係から金利とマネーサプライ（通貨供給量）までが決まってくる時代とはまったく違うのだ。ケインズ経済がニュートン系力学だとしたら、今の時代はまさに複雑系になっているのである。

しかも日本の経済と中国の経済、そして韓国の経済とアメリカの経済は、密接に結びついてはいるが、かといって完全に結びついているわけでもない。一部は繋がっているという状況で、その繋がり方も明確ではない。これは葉っぱがどこに落ちるかよりも複雑な問題である。何百もの変数があり、それらが時間の関数として刻々と変化する。同じ状況に対して答えが複数あり、もしかしたら正解がないという中で、経済の動きを推測していかなければならないのだ。

今の経済はニュートンの時代と違って、正確に着地させることは不可能である。しかし科学的アプローチで思考していけば、全体としてコントロールすることは可能だ。たとえば、葉っぱをある方向に落としたいというのであれば、どこにどのくらいの出力のある送風機を置けばいいかというのは、おおよそ見当がつく。

しかし、マクロ経済の学者はその点を見誤っている。たとえば為替はどうやって動いているのかを考えるとき、彼らは円高に歯止めがかかると「アメリカのファンダメンタルの強さが見直された」などとでたらめなことを言うが、そんなことで経済は動いてはいないし、為替は動いていない。

「今の日米の経済状況からいえば、為替は一ドル一二〇円ぐらいであるべきだ」などと言うエコノミストもいるが、彼らはまだリンゴを想定している。塩ジイ（塩川正十郎元財務大臣）に至っては、「購買力平価からいえば、一ドル一六〇円でもいい」と言っていたが、購買力平価で為替が決まったのは一〇〇年以上も前のこと。呆れるような話だが、経済学者も経済閣僚もこんなレベルなのである。

複雑系の世界では、非常に多くのファクターがあり、夥しい数の証拠がある。しかし第二章で述べたピラミッド・ストラクチャーを用い、論理的な思考回路で科学的な分析をしていけば、経済がこれからどう動いていくか、日本経済の本当の回復はいつになるかといったことについても、「この方向に動く」「おおよそこの時期」ということが言えるのである。

経済学者の言うことを鵜呑みにするな

ところが、政治学者や経済学者は線形思考だからそれができない。「金利を上げると景気の足を引っ張る」などと言うが、クリントンの時代から、アメリカは金利を上げ続けていたときがもっとも景気がよかった。日本がデフレを抑えるためにマネーサプライをジャブジャブにした結果、その金がみんなアメリカに出ていってしまったからだ。

ポール・クルーグマンはインフレターゲット論者で、「マネーサプライをどんどん上げていけばいつかはインフレになる」と言うが、現に日本はいっこうにインフレにならないではないか。彼もマクロエコノミストで、マネーサプライとインフレに因果関係があると思っている。しかし、現実にはいくら日本が量的緩和などといってお金をジャブジャブにしても、経済がいっこうに吸収しない。大事なのは「なぜ経済が供給された資金を吸収しないのか」を分析することなのだが、そのことについて彼は何も考えていないのである。

通貨を経済が吸収しない理由について、私はこう考えている。高齢化社会では基本的なニーズは満たされているし、IT社会においては流通や製造の効率化が進んで在庫が減り、お金はすぐにモノに替えられる。たとえばデル・コンピュータは一切在庫を持たず、注文を受けてからたった一週間でコンピュータを作って納品してしまう。いくらお金をジャブジャブにしても、デルは「景気回復に備えて在庫を積み増ししよう」とは考えないのである。高齢化社会ではいらないものはいらないし、ITの進展でお金の流れそのものが効率化して、お金をダブつかせておく必要がなくなっているわけだ。

しかも金融庁のマニュアル通りにしていると、銀行はお金を貸し出す先がないから、いくらマネーサプライを増やしても国債を買うしか使い道がない。物価が上がるためには、お金がモノに替わらなければならないが、今の時代、それほど買いたいものはないから、いくらお金があってもいらないものはいらない。だからお金が金融商品の中で循環し、モノすなわち実体経済に吸収されないのも当然なのだ。

本来、お金というのはモノに替えるにはいちばんいい形だから、お金をお金のままで持っていることにも意味がある。ところがお金をモノに替えることをほとんどしなくなったので、「お金はお金のままで」ということが成り立つ時代でもなくなった。結局、お金は換金性の比較的高い日本国債にいくか、日銀がドルを買いまくることでアメリカ国債に行く。これではいくらマネーを供給しても実体経済には何の影響もない。国債が暴落したときには我々のお金が吹っ飛んでしまう、というつまらない話になるだけなのである。

以前は金利が安いときは商品を在庫の形で持ち、景気がよくなったときに売り切ってしまえば儲けることができた。しかし今はそんなことをする企業はない。在庫など持たなくても、ITによって製品化が非常に効率化され、いざとなったら生産はすぐに立ち上がれるからだ。

私に言わせれば、竹中大臣やポール・クルーグマンさえも、今の経済がどういう形で動いているのかがわかっていない。ところが私は科学者だから、お金の動きを観察している。だから、おおよそこうなるという予測ができる。

それは私が「空は青い」と教わっていないからだ。ポール・クルーグマン的に言えば「マネーサプライを増やしていけば、いつか物価は上がる」。しかし、私はそうは教わっていない。だから「空はなぜ青いの?」と聞けるように、どうしてなのかと聞けるのだ。

竹中大臣のように「クルーグマン先生いわく」と言って解説することは誰でもする。しかし、「クルーグマンはそう言っているけど、それって本当なの？」と考えるところから、私の仕事は始まるのである。

そのフレームワークを捨てなさい

経済学で導かれる結論と、私がお金の動きを観察し分析するところから出す結論は、今はことごとく逆さまになっている。国内の通貨量を増やそうとするとお金は外に出ていってしまい、逆に金利を上げるとその金利を求めて外からお金が入ってきてしまう。たとえばクリントン時代、グリーンスパンＦＲＢ議長が金利を六％にしたら、世界中の金がアメリカに向かった。また現在のように、国内の通貨量を削らないまま低金利政策をとると、逆にアメリカの金がユーロに逃げてしまう。

これは冒頭で述べたように「新しい経済」になっているからで、これまでの経済学の常識がことごとく外れてしまっているのも、当然と言えば当然なのである。

しかし、科学的アプローチで、お金という物質がどういう磁力でどこにどのくらいのスピードで流れているのかを見ていると、金融経済の動きを見るのはそう難しいことではない。じつはグリーンスパンも新しい経済の正体に気づいていて、それをうまく利用しているフシがある。かたや日本政府はそれに気づかずに、右往左往しているのが実態だ。そして今のところ日本は浪費癖のあるアメリカに対して「貢ぐ君」、すなわちマネー供給者に徹するハメに陥っているのである。

新しい経済は複雑系の世界だから、モデル化することは不可能である。だからこれまでの経済学を微調整したようなフレームワークや数学モデルは、まったく通用しないことを知っておいたほうがいい。

私は「○○先生のフレームワークを使って」ということを一度も言ったことがない。経済学を学んでいる人間は、「○○先生のフレームワークで説明します」などと言うが、私はそういう連中にはこう言うことにしている。「何を考えてるんだ。お前のフレームワークを聞いているんだぞ」と。○○先生のフレームワークと言った瞬間に、その人間は事実から目をそむけてしまっているのである。

話を経済学からビジネスに変えても同じだ。つねに問われているのは、「あなたはこの会社をどう思うのか。この業界をどう思うのか」なのだ。

私自身、与件となるようなフレームワークはまったく持っていないし、前提も持っていない。現実にお金がどう流れているか、顧客の購買の意思決定がどう変わってきているかといった、「物理現象」しか私は信用していない。そうした現象の積み重ね、証拠の積み重ねによって、あらゆる問いに対する答えは必ず出てくるからである。新しい経済の中では、過去の常識にあてはめるのではなく、今起こっていることを観察することが大切なのだ。

現実の社会では誰かが何かを買っているし、それを買うときには何か理由があるはずだ。まったく理由もなく買うときには、どこのスーパーの棚にも並んでいるか、いつも行く店ではそれしか売っていないかのどちらかである。こうしたことも含めて、すべての問題には原因があり、その原因をよく理解すると、説明できることと説明できないことが出てくる。もし説明できないことが出てきたら、そのときこそがチャンスだ。

説明できないことが出てきたら、「それはなぜか」という質問ができる。そうやってどんどん質問し、理由の理由、原因の原因を見つけていけば、これまで誰も言っていないような結論に到達することができる。とくに最近は、そうした事例が非常に多いのである。

科学的思考に文系も理系もない

ここまでは、私が科学者であることと論理的思考とを結び付けてきた。誤解のないように言っておくが、科学的思考というのは何も理系の人間でなければ身につかないというものではない。理系・文系といっても大学での一般教養はほとんど変わらないし、実質的には専門課程二年間だけの違いである。それが論理的思考の能力にそれほど大きな影響があるとは思えない。

逆に科学者の中にも専門知識だけに凝り固まって、思考停止状態に陥っている者もいる。文系出身の人たちも、日々のトレーニングで十分に論理的思考力は身につくし、理系の人間よりももっと合理的な思考回路ができるようになると思う。努力すれば絶対に身につくものなのだ。

問題なのは、「自分が何であるか」を勝手に決めつけて自分の殻の中に閉じこもってしまうことである。だから、文系であれば「俺は、理系のやつに負けない思考方法ができるぞ」と思えばいい。経営の仕事など、小学校で鶴亀算ができたのならそれで大丈夫だ。あれより複雑な計算が必要なことなど、実際の経営では滅多に起こらない。

実際に世の中の人は、ほんの些細なきっかけで理系に行ったり文系に行ったりしている。高校の数学の教師の教え方が悪くて数学嫌いになり、それで文系に行ってしまったり、逆に「数学の先生が面白かったから理系に行ってしまった」という人もいる。進学のときの選択肢が、本来の自分の得意技かどうかはわからないのだ。

私が高校の頃は、ケネディ大統領が「月に行く」と言っていた時代だったから、理系に行くほうがなんとなく女の子にモテた。モテるまではいかなくても「理系に行くほうがカッコいい」という感じで、私の出身校でも上位五〇人中四〇人は理系に進学した。

私自身は高校時代、全教科トップだったので理系も文系もなかったのだが、受験では東大の文科I類（法学部）を受けた。予備テストではダントツの成績だったので、当然受かると思っていたのだが、試験中に眠ってしまって失敗。結局、「本番前の練習に」と友人が願書を出しておいてくれた早稲田大学の理工学部に進学することにした。浪人してやり直すよりも進学を選んだ理由はいたって簡単で、高校時代からクラリネットに熱中していたため、「とにかく早く大学に入ってオーケストラをやりたい」というだけのこと。将来の進路や学問的興味とはまったく関係がなかったのだから、今にして思えばずいぶんいい加減な選択である。

しかし私は大学に入学すると、理工学部の授業とは関係なく、科学全体がどうなっているのかを自分で熱心に学んでいった。当時、岩波新書などで刊行されていた科学系のものはすべて読み、素粒子論なども含めて科学的世界というものを体系的に学ぶことができた。おそらく普通の理工学部の学生よりも、ずいぶんと世の中の森羅万象についての理屈を勉強しただろう。

それから日本のエネルギー問題を考えて原子力の道に転進したわけだが、九年後に日立の技師をやっているとき、「日本で原子力をやると、住民に石を投げられるんだな」ということがわかった。するとたんに続行する気がなくなり、オールクリアして辞めてしまった。

マッキンゼーに入ってからは、もちろん原子炉の設計技術などまったく役に立たなかったし、科学的な知識も使うことはなかった。基本的には加減乗除以外はほとんど使ったことがない。だが、論理的思考という点においては、非常に役に立っていることは確かである。

複数のインプットを同時並行的に見る

そして理系か文系かの区別よりも、私の思考法や人生により大きな影響を与えたのは、音楽だったという気がしている。私は中学時代は合唱団、高校はブラスバンド、大学はオーケストラ、そしてそれ以降もずっと音楽をやっている。だから音楽的世界は、発想方法も含めて私に大きく影響しているように思うのだ。

音楽は右脳の訓練になるとよく言われる。しかし、それ以上にハーモニーや合奏するときの他の人との阿吽の呼吸、すなわちリズム、テンポ、それに複数の音を同時に聞くといったことで、ふだんとはまったく違う脳の部分を動かすことになる。

たとえば、オーボエがこのパートを吹いている間にビオラがこの旋律をというように、オーケストラの人間は複数のインプットを同時並行的に処理することを当たり前のようにやっている。しかし普通の人はそういう頭の使い方をする癖がない。このように複数のものを同時並行して見るということが、今の私の思考パターンに非常に役立っているのではないか。

オーケストラをやっていると「あれっ、この音が聞こえないぞ」とか「あの音がちょっとズレてるぞ」と気づくことがある。不思議なもので、経営計画などをやっていても、「あの部分の情報が出てきてないぞ」「何かおかしなことが起こってるんじゃないか」ということがわかるのだが、その感覚はやはり音楽によって培われたものなのではないかと私は思っている。

しかし、音楽をやっていなければダメだということではない。私はたまたま音楽が好きだが、基本的には人それぞれに自分の好きなモデルでやればいいのだと思う。たとえば野球が好きな人なら、野球で訓練ができる。テレビ中継ではなく野球場に行って試合を見るとよくわかるのだが、たとえばランナーがいるときに内野ゴロを打つと、守っている側はベースカバーなどのために目まぐるしく動いている。テレビ画面では見えない部分で、選手は複雑に全体のバランスをとりながら動いているのである。

サッカーでも同じで、強いチームはボールを持っている選手だけでなく、チーム全体が一つの生き物のように動いているものだ。そしてゲームの流れをつかむという点でも、オーケストラと共通する部分は多い。釣りは一人でやるけれども、どこが釣れそうな場所かを見るには、場を見る力が必要だし、「合わせ」る瞬間を捕らえる感覚も研ぎ澄まされるはずだ。

答えのない問題に答えを見つける

覚えさせる教育の限界

二〇〇四年一月に発表された第一三〇回芥川賞で、二人の若い女の子が芥川賞を受賞した。このことで私がすごいと感じたのは、『蛇にピアス』を書いた金原ひとみという子の父親である。なにしろこの父親は、学校にも行かず家にも帰ってこないような娘の文章を、ずっと添削してやっていたという。受賞できたのは「結果オーライ」だが、よくよく考えてみると、そもそも「学校が果たしている役割とは何なのか」ということに思い至る。

世間の親は相変わらず子どもに向かって「先生の言うことをよく聞くのよ」「宿題やった？」「明日学校なんだから、早く寝なさい」と言っているが、結果から言えば、そこから外れた人間のほうが今の世の中では成功する。なぜなら、学校は現実の価値観の変化にまったくついていけていないからだ。時代遅れの価値観で、二一世紀にいちばん役に立たない子どもを作っている。

たとえば『ファンキービジネス』や『カラオケ資本主義』という本が世界的なベストセラーになっているが、これらを書いた大学教授（リッデルストラレとノードストレム）自身がスキンヘッドだし、本の中で紹介されている成長企業の企画会議の姿は、服装も人種も年齢もバラバラで、従来の価値観で見ればどこかのネエちゃん、アンちゃんたちの集まりのようだ。しかし今、世の中はこっちのほうの「感覚」に移っているのである。

金原ひとみの小説は半径一メートルの中の体験で書かれているから、この後彼女の作品世界が広がってゆくのかどうか、私にはわからない。しかし、『蛇にピアス』は構成が非常にしっかりしている。起承転結、ドラマがあって、そのまま映画になるような映像的な書き方もしている。内容はなにか気持ち悪いけれども、小説の構成力としては大したものだから、芥川賞の価値はあると思う。

この子は、ある意味で現代というものを象徴している。それは「今の学校でまじめにやればやるほど世の中からずれてしまう」ということだ。複雑系の答えのない時代に入って、前提そのものが違っているのに、ケインズ経済学を勉強してもダメなのと同じである。今の時代に何よりも必要なのは、今学校で行われているような、答えを出させる教育、覚えさせる教育ではなく、「どうして?」と考えることを学ばせる教育なのだ。

「どうして?」と考える差が一〇〇〇倍の利益を生んだ

二〇〇三年にアルゼンチンの株に投資した人間は、九七%もの株価上昇で大きな利益を得た。しかし、経済学を勉強してきた大半の人たちは、二〇〇二年のペソ暴落など、アルゼンチン経済の混乱に懲りて手を出さなかった。

アルゼンチンは一九〇〇年頃には一人当たりのGNPは世界のトップクラスを誇っていたが、その後長期にわたる衰退を続けていた。ところが一九八九年に就任したメネム大統領が「メネムプラン」を打ち出してインフレを克服。一人当たりのGNPも急速に上昇し、「南米の優等生」と呼ばれるようになった。一九九一年にはブラジルやウルグアイ、パラグアイとともにメルコスール(MERCOSUR=南米南部共同市場)を結成して共同市場を形成。疑似ドル経済圏の強みもあって経済成長を続けてきた。

メネム大統領は一九九八年一二月に来日した際に、メルコスールとNAFTA(北米自由貿易協定)とEU(欧州連合)が、二〇〇五年をめどに共同自由貿易圏を創設することで合意したことを発表した。これが実現すれば、環大西洋にかつてない超巨大経済圏が誕生することになる。

そんな矢先、二〇〇一年初頭からの政治的な混乱と変動為替相場への移行をきっかけに、アルゼンチン・ペソが暴落してしまったのだ。その原因は何か。一九九四年のメキシコ、九七年の東アジア、九八年のロシア、九九年にはブラジルと、次々に通貨危機が発生した。これは巨大な台風が移動しながら各地に被害を及ぼすのと同じで、〝サヤ取り業者〟と呼ばれる巨大台風が通貨危機の次の行き場としてアルゼンチンに上陸したにすぎないのである。

グローバル経済ではマルチプルな資金が国境を越えて怒濤のように押し寄せたり、一気に引いていったりする。ペソ暴落もまさにこれと同じで、マルチプルな資金の流れがさまざまな弱みを抱えていたアルゼンチン経済を呑み込んでしまったのだった。

しかし台風（低気圧）が通過した後には高気圧が流れこんでくるように、大混乱の後に回復が訪れるのはごく自然なことである。暴落したペソが株式投資という形で一斉に買われ、その結果、株価が急上昇するのは当然のことなのだ。

だから、「ペソが暴落したのはどうして？」と考えれば、アルゼンチン株で大儲けすることは極めて簡単なことだった。利益を手にすることができた人と、そうでなかった人の違いは、すなわち「どうして？」と考える力の差だ。そして「どうして？」と考えた人間は、銀行に金利〇・一％で貯金していた人間の一〇〇〇倍の利益を得ることができたのである。

今の学校は人間の脳を壊す凶器

ほとんどの人は、いまだに世の中のことをニュートン力学で考えている。ところが実際には、経済そのものはリンゴではなく、葉っぱがどこに落ちるかという複雑系に入っている。だからほとんどの問題に答えがない。

こうした状況で学校の果たすべき役割は、答えがないときにどうするかという「考える癖」をつけさせることだ。解のない問題に対して、なぜなのかを考えて自分なりの仮説を立て、それが正しいかどうかを努力を厭わずに証明する。子どもたちがこの力を持てば万々歳だ。なぜならこの力を持った人間は一年間で九七％儲けるチャンスが広がるが、ニュートン力学の考え方の人間は、年利〇・一％そこそこの定期預金に入れておくのが精一杯だからである。

ところが今の日本では、学校そのものが人間の脳の本来持つ創造性を壊す凶器になってしまっている。新しい時代になっているのに、役に立たない古い時代の価値観を刷り込むのだから、脳の破壊以外のなにものでもない。

学校では簡単に答えが出ることばかりを教える。九九の暗記や漢字の書き取りに始まる記憶偏重教育で、考えさせることをしない。これでは記憶型・吸収型の脳ができあがり、自ら考える脳、新しい発想を生み出す脳が殺されてしまう。親は親で「先生の言うことを聞きなさい」とやっているのだから、これでは殺人幇助と同じである。

さらに社会に出てからも、「会社に入ったら先輩の言うことを聞け」とばかりに、古い社員が出てきて「当社では」と言って教育を始める。せっかくその組織に毒されていない人間が入ってきているのに、古い仕事のやり方を教えるのだから、新しいビジネスの発想など生まれてくるはずもない。だから私は、逆に「新入社員に古い社員の教育をやらせたほうがいい」と言っている。そのほうがはるかに会社のためだと思うからだ。

「やりたいこと」に忠実になれ

そもそも私は「先生」という言葉が嫌いである。なぜ先に生まれただけで教える権利があるのか。後から来た人間のほうが洞察力が鋭いかもしれないではないか。

金原ひとみが、ドロップアウトした理由を『文藝春秋』のインタビューで答えていたが、「学校に行く理由が見つからなかった」という極めてまともなものだった。

私には二人の息子がいるが、下の子もまったく同じで、「学校に行く理由がない」といって行かなくなってしまったクチである。息子の場合、小説ではなくコンピュータ・プログラミングの方向に行ったが、今では十分に稼ぐ力があるから結果オーライだ。

学校で脳細胞を破壊するよりは、中学に入ったら自分がやりたいと思うことを徹底的にやらせるほうがいいと私は思っているし、今はまさにそういう時代になっている。

私自身、中学、高校、大学を高度経済成長の型にはまりやすい時期に過ごしたにもかかわらず、どういうわけか〝やりたいこと〟しかやってこなかった。誰が何と言おうとやりたいことは全部やったから、親にも教師にも手のつけられない子どもだったようだ。

やりたいことをやるのは今も同じで、そのせいか高校の同窓生に会うと、今でも「お前みたいな純粋培養は珍しいぞ。卒業してから何十年もたつが高校時代と全然変わってない」と言われるほどだ。純粋培養というと悪いイメージがあるかもしれないが、要は雑菌やウィルスのごとき古い価値観に侵されずにきたということである。「みんなこうだから」という理由では絶対に動かなかったし、自分で納得できないことにはけっして迎合しなかった。

しかし世の中は、そうやって生きていくほうがはるかに厳しい。親の言うこと、教師の言うこと、会社に入ってからも上司の言うことを聞かなかったために、結果的に純粋培養のようになれたが、とはいえ私が人知れぬ努力をしてきたのも事実である。学校で九〇点の成績を取ったら安心するが、自分のやりたいことに忠実であるためには、学校で九〇点取ったことなどまったく関係がない。自分が納得するまでやり抜くには、妥協や甘えは許されないからだ。

私の息子の場合も、中学時代から自分でC言語というプログラム言語を学び、自分でプログラムを書けるようになっていた。高等数学も独学で学び、コンピュータ・プログラミングだけでなくアーキテクチャーを含めた原理原則がすべてわかるような勉強を自分でやってきている。学校で教えてくれようがくれまいが、テストがあろうがなかろうが関係ない。自分で学ぶからこそ全部頭に入るのである。

今の世の中は、金原ひとみや私の息子のような生き方のほうが、将来性があるというか、生きていくうえで融通性があるように思う。世の中の問題に対しては答えがないから、上司といえども答えがわからない。国も茫然自失状態だ。こんな状況の中では、誰かに答えを教えてもらうことに慣れた人間より、自分に忠実であり、自分なりの解を出せる人間のほうが生命力が強いに決まっている。

「アカデミックスマート」から「ストリートスマート」へ

今、飲食業界でいちばん伸びているのは、高級料理店ではないけれども、高級感をうまく演出しているような店、いわゆる西麻布系と呼ばれているレストランである。ちょっと贅沢で、チェーン化はしているもののチェーン展開的な店作りはせず、テーラーメイドな雰囲気を出している。

こういう店に入ると、店員は「いらっしゃいませ」とは言わない。マニュアルがないのである。アメリカ型の大量生産社会はマニュアル社会だから、マクドナルドのような店はどこに行っても同じ挨拶をする。しかし西麻布系では、「雨の中大変でしたね」とか「寒くありませんでしたか」というように、「お客様の顔を見ながら、思い浮かんだ挨拶をしなさい」という教育をしているのだ。この方針はまったく正しい。

こうした店の店長はだいたい年齢が二七、八歳くらいと非常に若い。しかしその仕事の内容と責任の重さは、同じ年代のサラリーマンの比ではない。そして二〇歳の店員が二七歳の店長を一つの自分の目標モデルにしてやっているから、彼らは二五歳のときにはバランスシートやPL、事業計画、新しい立地のコンセプトなどを全部自ら企画して書けるようになっている。

「二五歳までに事業計画を出せば出資するから、自分で店を開け」という仕組みをつくっている会社も多い。

つまりサラリーマンが二五年かけて課長や部長になり、五〇歳にしてやっとできるような仕事を、彼らはたった五年やそこらで身につけてしまうのだ。

学校の秀才である「アカデミックスマート」と対比して、彼らのように現場で実践を通して仕事を覚えて成功する連中を「ストリートスマート」と呼ぶ。古くは松下幸之助氏も、自分の足で歩きながら経営を覚えたストリートスマートだ。こうしたストリートスマートが、日本でも雲霞のごとく生まれ始めている。今活躍している映像クリエーターにしても、大学卒の人はほとんどいない。

今は世の中そのものが、答えのない、マニュアルの通じない世界である。敏感な人々はすでにその方向にシフトを始めている。古い価値観に縛られている人間と、新しい価値観を生み出そうとしている人間。その差はこうした黎明期にこそより大きく開くものなのだ。

学校に行ったアカデミックスマートは、やはり答えを求めてしまう。「答えはない」と言っているのに、「答えは何ですか？」と聞く。学校秀才にかぎらず、日本の学校に通っている子どもは皆同じだ。

たとえばゲームをするときでも、ゲームの展開をワクワクしながら楽しめばいいものを、攻略本を買って読む。ゲームを楽しみながら自分なりの攻略法を編み出すということができない。というよりも、最初から放棄してしまっているのだ。攻略本や虎の巻でテクニックだけを覚え、後ろに答えが書いてあったら、そこを先に読んでしまう。

この手の人間は、世の中に出てから何の役にも立たない。答えを与えられないと何もできないし、答えのない状況になったらパニックを起こしてしまうからだ。

北欧の強さの秘密

スウェーデンやノルウェー、デンマークなどの北欧諸国は、人口は少ないながらも国民一人当たりのＧＤＰは世界の上位を占めている。これらの国の教育現場を見れば、なるほど強くなって当然だと痛感するだろう。まず第一に、「ｔｅａｃｈ（＝教える）」という言葉が禁じられているのだ。教えるということは、答えがあることを前提としている。だからこれらの国々では「ｌｅａｒｎ（＝学ぶ）」を使うのである。

デンマークに行くと、「一クラス二五人全員が違う答えを言ったときが最高だ」というほどだ。子供たちが学びとるという考え方が基本で、テキストには「学校には答えを教える権利はない。学ぶ権利を支援するところが学校である」と書かれているのである。

フィンランドでは、小学校にも企業家養成コースがあり、「フィンランドのような小さな国は、国際化できる企業を作り、世界に出ていって活躍しなければいけません」と教えている。授業ではクラス全員に事業計画を出させ、みんなでシミュレーションをする。

とはいえいきなり本格的な事業計画というのは無理だから、「果物屋さんはどうやって利益を出しているか、みんなで見学に行こう」というように、現場に出かけていったり、果物屋の主人を講師として招いて話を聞いたりする。そして自分なりのビジネスの仕方を考えて、模擬店を作って「いくら儲かるか」を実践してみるのである。もちろんこうした授業に答えはない。しかし、ビジネス感覚は、子どもの頃から確実に磨かれる。

この四ヵ国は各種の国際競争力で日本をはるかに上回り、世界のトップ一〇に堂々と名を連ねている。あれほど高齢化が進み、一九八〇年代には「フリーセックス」と「コスト競争力のない高福祉の国」として没落の一途だったにもかかわらず、なぜこれほどまでに復活しえたのか。その秘密はこうした教育にあったのだ。北欧諸国が教育改革を行ったのは、そう昔のことではない。一九九二年の北欧金融危機後に取り組みを始めたのだから、わずか一〇年あまりで成果を生み出していることになる。

こうした教育方法は、スポーツや音楽の教育に非常によく似ている。優れた才能を持つ子どもは英才教育で個人レッスンに通い、どんどん伸びていくのと同じような感覚である。

英語も小学校からやるが、じつは英語は教えない。「英語で」教えるのである。数学を英語で学び、理科も英語で学ぶから、英語は使えるツールになる。一方、日本のように「英語を」教えると、テストが終わったらみんなその日に忘れてしまう。

日本人が天才的なのは、テストを重視するために、テストが終わったら次の日には内容を見事に忘れてしまうことだ。学校でその能力を磨いてしまうものだから、学校で教わったことは、あれだけ一生懸命勉強したにもかかわらず、ほとんど覚えていないということになる。

かたや北欧諸国では、「使えてなんぼ」という教え方をしているから、彼らの英語力は世界のトップクラスだ。現代が複雑系の世界であることを教育の現場が理解し、その中で頭角を現すにはどうすればいいかをよく理解している。答えがなくても自分なりの仮説を立てて、答えに至るまでやり続ける。どんな困難があっても、最後には絶対に答えに至るという、立ち向かっていく勇気を持たせることが教育のいちばんの基本になっている。

答えがわからなくなるとほとんどパニックに陥る、日本の教育とは対照的だ。

知識ではなく「思考パターン」をテストする

日本では高校や大学の受験にしろ入社試験にしろ、テストというと知識を試すようなものばかりだが、それでは仕事のできる人間かどうかを判断する材料にはならない。

たとえばマッキンゼーでは、二十数年前に「知識は問わず、考え方のパターンを試す」採用試験を開発した。その内容は、受験者にある証拠を示し、「あなたはこの証拠からどういう結論を出しますか」「これだけの証拠では、まだ結論は出せませんか」と問う、といったものだ。十分すぎるほどの証拠を見せないと結論を出せない人間や、ちょっとしか証拠がないのに結論だと思い込んでしまう人間を見極めるためのテストである。知識の有無よりも、どのように結論を導き出すか。その思考方法が身についているほうが、コンサルタントになってからうまくいく可能性は高い。知識ではなく、基本的な思考回路が問題なのだ。
私自身もマッキンゼー時代に山のように面接試験を開発した。たとえば、次のような問題である。あくまでも面接用なので、みなさんにもすぐに答えてもらいたい。

練習問題

急に明日からタンザニアに半年間出張することになった。持っていけるのはリュックサック一個。あなたはリュックの中に何を詰めますか?

解答・解説

実際には「タンザニアで鉄道工事のフィジビリティ・スタディ（事業の実現可能性の調査）をお客さんに頼まれた。チームはロンドンから一人、ニューヨークから一人、そして君の三人。持って行くのはリュック一個だけ。さて、君はリュックの中に何を入れるか言ってみて」という具合で質問をする。この問題に「正解」はない。あくまでも知識ではなく、考え方のパターンを試すテストだからだ。

こういうことを突然聞かれると、多くの場合、学校秀才型の人間はパニックになる。「タンザニアってどこだっけ？」。これがわからないと、リュックに詰めるものも分からないのだ。

前提条件が言えるか

ところが、マッキンゼーに入ってうまくやっていける人間は、瞬時にこんな答え方をする。「すみません、私、タンザニアがどこにあるのかよくわかりません。でも、たぶんアフリカで、暑いという前提でお答えすると……」というように、答えの前提をはっきりと言うのである。

このタイプは学校秀才型と違って、パニックになることはない。もしその前提が違うということがわかれば、前提を変えて答えることができるからだ。そして未開発地で高温多湿、いろいろな病原菌がいるという前提から、必要なものをどんどん連想していく。

かたやダメなタイプは、自分がふだん愛用しているようなものを頭に思い浮かべて、ランダムに答え始める。「辞書でしょ、水筒でしょ、それにパンとかお米とか……」。そのうち同じものを繰り返したり、現地でいくらでも買えるものまで言い始める。

そして私に「そんなに詰め込んだら重くなるし、だいたいそのうちの半分は現地で買えるよ」と言われると、ガクッとなってもう何も答えられない。一方答え方のうまい人間は「お金は持っていっていいという前提でしたら、現地で買えるものは置いていきます」と、自分で境界条件を言い始めるのである。

自分ではタンザニアの場所を知らなくても、「こういう前提で答えます」と言える人間は、「タンザニアは極寒の地にある」と言われれば「では、こうです」と答えを変えられる。前提が正しいかどうかは地図があればすぐに分かるのだから、別に知っていなくてもいい。タンザニアについての知識の有無はまったく問題ではないわけだ。さらに前提を変えて、「じつはこれはヨーロッパの真ん中の国だと言ったらどうなるの？」と聞いていくと、よりその人間の思考パターンがわかってくる。

マッキンゼーが頼まれる仕事なんて、いわば「明日、タンザニアに出張に行け」みたいなものばかりである。自分で簡単に答えられるような問題なら、なにも高いお金を払ってまで外部のコンサルタントに頼みはしないのだから。

前提があって結論があるという思考パターンの人間なら、どんなときにもパニックにならないし、前提が変わればまた違う結論を出せる。マッキンゼーにかぎらず、これからの世の中は、他の仕事でもこういうタイプのほうがうまくいくはずだ。

こうして私は、「こういう思考パターンなら大丈夫だろう」という人間だけを採用していた。それでもうまくいく確率は二割ほど。それだけマッキンゼーは厳しい会社だったということである。

もちろん「自民党政権は何年続いていますか」とか「歴代首相の名前を五人挙げよ」といった、ネットでちょっと検索すれば分かるようなことは何の価値もないから一切聞かない。何を知っているかではなく、知らないことを頼まれたときに、どういう思考回路をとるのかが本当に重要なことなのだ。

「知的備蓄」のすすめ

もう一つ、日常のトレーニングで重要なのは、つねに知的好奇心を持つことである。たんに与えられたテーマについて考えるだけでは、本当の意味で物事を考えることにはならないからだ。知的好奇心を持って生きていると、世の中には新聞やインターネットでは知ることのできない、じつに興味深い情報が溢れている。

たとえば、私はカナダのスキー場で、スキーのインストラクターにこんな話を聞いた。インストラクターというのは、超一流の人間でも年収はせいぜい二〇〇万円程度。冬、スキーウエアを着ている間は女の子にもモテるらしいのだが、オフシーズンには仕事がないからお金に困り、トラックの配送のアルバイトをしているというような連中ばかりである。

その彼に「君は雪のないときは何してるの?」と聞くと、北極圏のグレートベア湖まで荷物を運ぶ仕事をしているという。三〇台ぐらいトラックを連ね、キャラバンのように氷の上を走っていくのだが、ときどきトラックが氷の隙間から海に落ちてしまうことがある。トラックは沈んでしまうけれども、人間は浮輪の入ったベストを着ているから体は冷えないし大丈夫。絶対に一人では行かないから、そのうち他の車が助けに来てくれる。

「じゃあ、落ちた荷物はどうなるの?」と聞くと、シーズンが終わって氷が水になると、サルベージ船が来てちゃんと持っていくそうだ。水没しても荷物に水が入らないように、コンテナに工夫がしてあるとのことである。

私はそのインストラクターの話を聞いて、カナダにはそういう仕事があることを初めて知った。こんなふうに私は、フィールドインタビューよろしく知り合った人間にいろいろなことを聞きまくり、知見を広めていく。その相手は電車で隣に座った人でもいいし、たまたま乗ったタクシーの運転手でもいい。こうした知的好奇心が、考える栄養になっていくのである。

私はカナダの氷原に行く予定も、ましてやそこで暮らす予定もない。だから「役に立たない知識を仕入れてどうするの?」と思われるかもしれない。しかし、人間が極限の状況でどういう判断をし、どのような工夫をするのか、その辺を聞いておくだけで、自分がいざという場面に出くわしたときの思考空間が広がるのだ。「考える」ということは、自分に「知的備蓄」を作るということにほかならないのである。

ふだんから考えることを怠り、時間があればうたた寝をしているような連中は、二一世紀の複雑系の世界では落伍していくしかない。これからの時代は、自分の人生に対しても時代背景に対しても、かなり正確な認識を持っていなければ生きていくことは困難だ。

IT革命、ネットワーク革命、ボーダレス革命などさまざまな変革が起こり、経済を動かす根本、企業成功の根本原因が全部変わってしまった。これまで成功してきた企業、成功してきた人は、二〇年前、三〇年前のパターンで成功してきた。しかし、今現在の成功の方程式はまるっきり変わってしまったのである。その新しい方程式に対応できるよう、自分で頭脳の筋力トレーニングを始め、新しい思考回路を開発しておかなければいけない、ということだ。

残念ながらほとんどのビジネスマンは、この思考トレーニングを一からやり直さなければならない。なぜなら、新しい成功の方程式は誰もが未経験のものであり、これまでの学校生活や会社生活の中では経験していないことだからだ。

しかしだからといって落胆することはない。まだ手遅れということはないのだ。論理的思考の能力は楽器と同じで、訓練すれば誰でも身につけることができる。ピアノだって、中年になってから始めても、練習すればある程度は弾けるようになる。うまいか下手かの差は出るが、誰でも弾けるようにはなる。それでお金が取れるようになるかどうかは別として、この道は練習がすべてであることは間違いないのである。

加山雄三さんは、還暦を過ぎて初めて絵筆を握り、今では画伯なみの値段で描いた絵が売れている。私も何回か個展を見に行ったが、その能力は半端なものではない。六〇歳を過ぎてそのような能力が自分にあったということを確認するだけでも、素敵なことである。

中途半端に時間を使うな

いちばん困るのは、何事も中途半端な人間だ。ピアノも少々、バイオリンも少々、ギターも少々。だけど人前で弾けるほどではないというタイプ。ゴルフもマージャンも釣りもたしなむ程度というのが最悪のパターンである。

こういうタイプの人間は、時間の使い方も中途半端になりがちだ。

たとえば、私のやっているビジネススクールでは「本質的問題発見コース」や「問題解決コース」を作っているが、中には一年一〇〇時間のコースが「忙しくてできません」という人間がいる。一年で一〇〇時間というのはそう大した時間ではないし、どうしても無理というのなら二年かけてもいい。一週間に一度、きちんと二時間考える時間を作る、というケジメの問題でもある。その一〇〇時間を作れないような人間は、どのみち何をやってもダメということだ。

そういう人間に「一年間にプロ野球のテレビ中継を何時間観るか？」「ゴルフは何時間自分でやるか？　何時間テレビで観るか？」と聞いてみる。その時間を合計するとだいたい三〇〇時間くらいになってしまうのだ。そこで私が「仮に一年間ずっとプロ野球を観ていたとして、それで何か成長することはあるの？　自分に投資したという記録は残るの？」と聞くと、「ない」と答える。それなら一年間プロ野球を観るのをやめて、自分がこれから生きていくための投資をしたほうがいいはずだ。忙しいと言っている人間にかぎって、じつは無駄な時間が多いのである。

問題解決のトレーニングを徹底してやれば、会社でも評価されるし、自分で事業を起こすときにはまさにそのまま効き目となって現れる。マイナスは、赤提灯で友人と一緒に上司の愚痴をこぼす時間が減ったとか、プロ野球や相撲を観なかった、日曜日にごろ寝しながらテレビでゴルフを見る時間が減ったという程度だろう。

大前流シンプルライフ

私は考えるべきことは徹底的に考え、考えなくていいことについては考える時間をなるべく少なくしている。余計なことで悩まなくてすむように、生活などはすごくシンプルにしているのだ。

たとえば私は巻き爪で定期的に削ってもらわないと足が痛くなるので、三週間に一度、必ずネイルサロンに行くことにしている。それは日曜日の午前一〇時、日曜日にどこかに出かけたときは午後四時と決めていて、もう一年先まで全部予約を入れてある。「ネイルサロンの予約を一年先まで入れるなんて」と呆れる人もいるが、私はパターン化したほうがいいことと、パターン化してはいけないことをはっきりと振り分けているのだ。

履いている靴にしても、知らない人は「ずっと同じ靴を履いている」と思っているかもしれないが、じつは私は同じ靴を四足持っている。この靴だと巻き爪が圧迫されないからとても気持ちがいいのだ。歩きやすくて、一日履いていても疲れない。しかも長持ちする。ゴム底なのでボートに乗るときも安心だし、滑り止めがついているから雪のボストンに行っても大丈夫。

世界中を歩いて回る私にはじつにピッタリなのである。

ナイキ（コール・ハーン）の靴なのだが、ナイキはモデルを変えてしまうのですぐに店からなくなってしまう。だから履いてみてあまりにも気に入ったので、四足まとめて買ってきた。これで四、五年は靴は買わなくてもいいから、「靴をどうしよう」とか「この店のより、あっちの店の靴のほうがよかったな」といったことに時間を取られずにすむ。毎朝どの靴にするか考える必要がない。とくに私は巻き爪の持ち主で靴には非常に敏感だから、五年も靴のことを考えなくていいのはとてもありがたい。

このように私は、生活の中で自分でパターン化すべしと思っていることは、全部パターン化しているのである。

シャツにしても、同じ形で色違いのものを六三着持っている。服装は決まってこのシャツにノーネクタイだから、「今日のネクタイはどの柄にしようか」などと考える必要がない。これは中国でテーラーメイドしたもので、色も生地も考えられるかぎりのものを全部作った。それで一着四〇〇〇円だから安い。

このシャツを中国で作ったのは、「中国でなら、もしかするとテーラーメイドのシャツを量産品のユニクロの値段でできる。面白いから自分でこのモデルでやってみよう」と思ったからだ。もし中国に進出する会社があったら、シャツだけでなく、テーラーメイドの家具やテーラーメイドのカーテンなど、いろいろなものを中国で作り、日本の量販品と同じような値段で提供することができる。そのサンプルが自分のシャツというわけだ。

私はこうして、考えることは集中して考えるけれども、考えなくていいことは考えない。その点ではずいぶんと息抜きをしていると思う。

考えるべきことを懸命に考えなかったり、考えなくてもいいことを考えて思い悩んでしまう。そんな人は大切な論理的思考のトレーニングに費やすべき時間を無駄にし、結局は人生の貴重な時間を無駄にしてしまうのである。

練習課題

去年の手帳を出して、時間分析をしてみよう。

睡眠や食事などの他に、通勤、仕事などの時間を総計してみよう。そして「予定表がブランクだった時間は起きている時間の何%あるか?」「それは合計で何時間か?」「その時間、何をしていたと思うか?」「次の一年、同じ時間の使い方をしたいか?」を考えてみよう。

次の一年の時間配分を予算化し、自己投資する計画を作ってみよう。

一年後の自分の姿を頭に描いてみよう。

第5章

アイデア量産の方程式

新しい発想を生む思考回路

「新しい発想」は「ひらめき」ではない

「新しい発想」というと、なにか「天才的なひらめき」によって生み出されるものだと思っている人もいるようだが、私にとって発想とはそういった類のものではない。自分自身に対して質問をし、問題解決法すなわちプロブレム・ソルビング・アプローチを端的に、瞬時に、かつしつこく頭の中で構成することで出てくるものにすぎないのだ。問題解決のための論理的思考をとことん身につけ、血となり肉となるようにした結果、だいたいどんな物事や現象を見てもすぐに解決方法が見つかるようになった。

「大前さんは、どうしてそんなに次々とアイデアが出てくるんですか?」とよく聞かれるが、自分では「新しいものを生み出している」という意識はほとんどないのである。

たとえば、私は二〇〇二年三月に『チャイナ・インパクト』という本を出した。それまで誰も思いもよらなかった「中国地域国家論」の発想から中国の真の姿を描き、その後の中国でのビジネスに大きな影響を与えた本である。その発想がどうやって生まれたかを例に考えてみよう。

『チャイナ・インパクト』の出版当時は、中国脅威論が圧倒的多数だった。中国が経済成長して競争力を増すと、コスト競争力でかなわない日本は経済的打撃を受けるのではないか。安価な労働力を求めて日本企業が中国へ移転していくことで日本の産業が空洞化し、競争力が低下してしまうのではないか。こういった論がほとんどで、中には「やがて中国は崩壊する」などとうたう本も登場していた。

そんなときに中国が地域国家に変質してきたことを指摘し、「中国は脅威ではない」「日本企業の敵は、じつは中国をうまく内包化した日本企業である」と言ったのが『チャイナ・インパクト』だったのである。どちらかといえば〝中国お客さん論〟である。今でこそおそらく九九％の人が〝中国お客さん論〟に立っているが、『チャイナ・インパクト』はそれまでの中国に対する認識を覆し、日本に非常に大きなインパクトをもたらすものだった。

今では、あたかも自分が中国お客さん論を言い始めたような気になっている人もいるが、『チャイナ・インパクト』以前と以後では、中国に対する認識はガラリと変わってしまった。今では私が言った通りに、中国をいかに自分のビジネスに取り込むかが成功の鍵であるという認識が広がっている。

最近になって日本の景気が回復したと言っているが、その三分の二は中国の影響である。中国での設備投資がすごい勢いで進んで、素材や基幹部品、機械などいろいろなものが中国に売れる。これまでヒステリックに中国脅威論を唱えていた人間たちは、いったいどこに行ってしまったのかという感じだ。

「もしかしたら」が問題解決と発想の源

言うまでもないが、私は中国学者ではない。にもかかわらず、なぜ『チャイナ・インパクト』のような本が書けたのか。

『チャイナ・インパクト』は中国語に翻訳されて多くの中国人が読み、今では中国人が「大前さん、中国はこうなっているんですか」と逆に聞いてくる。先日も中国の中央テレビが私の一時間番組を制作したが、彼らは「どうして大前さんには、我々にも分からない中国のことが分かるのですか」と質問してきた。中国人自身が、私の本を読んで「これが我々の急成長の原因なんですね」と初めて気づくのである。

本人たちにもわからないようなことが、なぜわかるのか。じつはこの質問に対して、私は明確な答えを持っていない。そういう姿が見えてしまうのだ。

ただ、その「なぜ」の答えの一つには、私が極めて疑い深いということがあると思う。疑い深いという意味は、学者や中国通と言われる人の話を鵜呑みにしないということだ。中国通の学者が「中国とはこういう国だ」と言うと、日本人の大半は「中国のことを研究している偉い人が言うのだから、きっとそうなのだろう」と頭から思い込もうとする。居酒屋で目刺しを頭からガブッと食べてしまうがごとく、何の疑いもなくその話をお腹に入れてしまうのだ。それでは違う発想など生まれてくるはずがない。

ところが私には、どんなに中国通の偉い先生と言われている人の話だろうが、それをそのまま飲み込むような癖はない。

私はある意味では冒険者であり、探究者である。世界六〇ヵ国を訪れ、足を使ってさまざまな物事を見、観察してきた。そして歴史的な時間軸と、地政学的な空間軸、この二つの軸、二つの次元で物事を考える。それを瞬時に行う癖がついているのである。

その思考の結果、私は中国が発展するためには、以前から言っている地域国家的なやり方でなければ無理だという結論を出した。中央集権的な方法でやっているうちは、中国はこの後一〇〇年眠り続けるだろうと考えたのだ。

ところが一九九八年に首相に就任した朱鎔基は、国有企業の改革、金融システムの改革、行政のスリム化という三つの改革を断行した。その過程を観察しているうちに、私は中国では地方の自立が始まり、中央集権的国家構造がバラけてきているのではないかと考えはじめた。つまり、表向きは北京による中央集権国家だが、「もしかすると、実質的にはアメリカのような連邦制の国、中華連邦になってきたのではないか」という仮説が立てられるようになってきたのだ。

この「もしかしたら」という思考回路をもつことが、新しい発想の源なのである。

仮説と検証が生んだ「中国地域国家論」の発想

そして実際に中国に何度も足を運んでみると、「中国地域国家論」の証拠が次々に出てきた。たとえばある地方都市の市長は、「大前さん、この土地を自由に使って好きなことをやってください」と平気な顔で言った。日本の市長にはこんなことを言う権限は絶対にない。中国の地方都市の市長が簡単にそう言えてしまうということは、中国では地方の自治権が確立し、地域国家的になってきている証拠なのだ。

また、ある国立大学のトップからは「ここに〝大前研一スクール・オブ・ビジネス〟という大学院経営管理学校を作ってほしい」と頼まれた。はたしてそんな自由度が日本の大学のトップにあるのだろうか。そう考えてみると、計画経済の中国のほうが、日本よりも国の計画を気にせずに大胆に改革をやれるという実態が浮かび上がってくるのだ。

「中国が発展するには地域国家しかない。その類例があるとすればアメリカだろう」という仮説を立て、ユナイテッド・ステーツ・オブ・チャイナ（中華連邦）というフレームワークを持って自らの足を使って歩き、実際にこの目で見ていくと、それを裏付ける証拠が次々に出てきて、どこに行っても仮説が検証されたのである。

「中国地域国家論」というのは私以外に誰も思いつかなかった発想だが、こうした発想は突然出てくるのではない。まず仮説を立て、「もしかするとこうなのか」「このパターンに似ている国はどこにあるか」「歴史の上ではどこに当てはまるのか」というふうにつねに考え、観察しているうちに生まれてくるものなのだ。

将来とは突然やって来るものではなく、過去の延長線上、今日の延長線上にある。だから予兆は必ずある。私の場合、予兆の段階から観察し、そこに働いているいろいろな力を見て、結果的にどうなるかを見抜くという癖がついているのである。

仮説、検証、実験という問題解決のノウハウを徹底的に身につけ、その思考回路が血となり肉となるようにしていけば、どんなものを見てもその将来が予見できてしまうのだ。

だから、私自身はまったく新しいものを生み出しているつもりはないのだが、そうした訓練をしていない人が聞くと、「そんなこと誰も言っていないぞ。どうして大前さんはそんなことがわかるんだ」ということになってしまうのである。

二一世紀に「専門家」は存在しない

多くの人は私の言うことに「専門家はそんなこと言っていないぞ」と最初は驚くが、私はそもそも二一世紀には専門家は存在しないと思っている。

なぜなら、一九八五年を境に世界は大きく変わったからだ。一九八五年というのは、ウィンドウズのバージョン1が登場した年である。それからコンピュータ・ネットワークが急速に発達し、世界中でさまざまな既成概念が塗り替えられていったのだ。

「はじめに」で述べたように、新しい経済が始まり、私たちは見えない大陸に踏み込んだ。それからまだ二〇年しかたっていない。専門家など存在するはずがないのである。

一九八五年には、国際情勢においてはソ連にゴルバチョフ書記長が登場し、東西冷戦が終結に向かった。それ以降の新しい世界秩序については、まだ専門家などいない。たとえば江戸幕府は二〇〇年続いたから、当然、専門家が生まれる。しかし明治五年とか明治一〇年の段階では明治政府の専門家などいなかったはずだ。

今はまさにその時期にある。一九八五年から世の中がすべて変わったとすれば、専門家面している人間のほうが古い価値観を引きずっているから、かえって状況を見誤る可能性が高いのだ。

お金と情報が国境を自由にまたぐようになり、企業も国境を簡単にまたいでいる。言ってみれば、国家と国家の境界線が、実線ではなく点線でしかなくなっているのだ。これは過去に例を見ない新しい現象である。もはや実線で囲まれた国家の中でのみ成り立つような経済学は、現実には成り立たない。ところが経済学者はこれまでの経済論の微修正をしているだけだから、根本的に間違っているのだ。

一方で、私がずっと以前から言い続けてきた地域国家論やボーダレス経済というフレームワークは、検証できる事例が毎年増え続けている。世界中の人が私のことを「ボーダレス経済の提唱者」と言ってくれているが、私はただ「これまでの経済学は成り立たない」と言ってきただけだ。閉鎖経済の中におけるお金と金利と雇用の関係を記述した昔の経済学は、国境が点線の時代になったら成り立たない。これは閉鎖系かオープン系かの違いだけだから、物理学者から見れば当たり前のことなのである。

閉鎖系では問題に対する答えは一つだが、オープン系では単純な因果関係だけでは説明できないことがあり、答えが二つある場合もある。たとえば「正しい為替はいくらですか？」という問いに対しては、一ドル一三五円でも一一五円でも正しい。オープン系は非線形、非平衡の方程式だから、複数の答えがありえるのだ。

円高を克服した「三つの蛇口」の発想

私は企業が国境をまたぐ手伝いを仕事としてやってきたので、いち早く経済がオープン系になったことに気がついた。しかし、日本は政府があまりにも無知・無策だったこともあって、企業は困難な状況に置かれてきた。米国に睨まれ、たとえば一九八五年九月のプラザ合意以降、一ドル二三五円が七九円になるという塗炭の苦しみを味わった。それでも企業は利益を出さなければならない。では、どうするか。困り果てた企業に相談をもちかけられ、その解決方法を考えるのが私の仕事だった。

当時はなにしろ円相場が一気に三倍に上がったのだから、コストダウンのみでは対応できなかった。コストをすぐに三分の一にするというのは不可能だからだ。何か他の方法はないかと考えているときに、私が『企業参謀』で書いた戦略的自由度、つまり考えられる自由度を全部使ってやってみるということで考えに考え、生み出したのが「三つの蛇口のひねり方」という知恵だった。

円高の克服方法は、次の三つしかない。①日本でコストダウンをはかる。②米国に行って円と関係なくやっていく。③アジアに進出して円とドルの中間通貨でやる。この三つの水道の蛇口のどれをひねるかでバランスをとり、為替に対して中立になろうというわけだ。

これはいわば生活の知恵である。オープン系の経済の中で、私たちはアジアでも米国でも日本でも生産し、為替が動いたら、それに合わせてどの水道の蛇口をひねるかを調節し、為替の影響を受けないような体質を作ってきたのである。これは物理学者なら簡単にできる。ところが経済学者は、こんなことを顧客に頼まれたことがない。

つまり私は、現実の大きな変化に必死で対応していこうとしている企業になんとか応えよう、なんとか利益を出せるようにしようとやってきただけなのだ。私の場合、それでお金をもらっているわけで、たとえて言えばオットセイが芸をしてイワシを一匹もらうというように、それを考えるのが習慣になってしまった。こうした事例を積み重ねてきたことで、今ではすっかりオープン系の考え方に慣れているのである。

だから私の発想は、突然旋律が浮かんでくるといったモーツァルトの作曲とか、アイデアが浮かぶピカソの絵といった天才系のものとは全然違う。「これは何なのだろう」という、科学者として考える癖から生まれてくるものでしかないのだ。

いろいろなことを考えながら、二回、三回と試行錯誤していくうちに「こういうことではないか」というパターンがおぼろげながら見えてくる。そのパターンを仮説として、現実的にその仮説どおりになるかどうかを実証・検証していく。足で歩き、実際にやってみる。こういうことを繰り返しやっていると、人よりも半歩先を行くことができるのだ。

だから私の発想の方法というのは、前章までに述べてきたような思考のアプローチから逸脱したものではない。強いて言えば、論理的思考をとことんやる。そして現場、市場で仮説の立証、または反証をしていく。そこが普通の人とは違う点かもしれない。

サイバー時代の「大前の法則」

インターネット利用者は五年で挙動が似てくる

私には最近、「大前の法則」と勝手に言い始めていることがある。

その一は、「インターネットを使い始めて五年目になると皆、挙動がとても似てくる」というものだ。二〇〇四年現在、インターネットに繋がっている人は世界に八億人いて、その人たちの大半はウィンドウズを使っている。この数は毎年〇・五億人くらいずつ伸びている、とも言われている。

その人たちは使い始めて一年目は電子メール、二年目にはパワーポイント、三年目になると検索エンジンを使い始めたり、デジタルカメラのアルバムを作り始めるというように、しだいに使い方が広がってくる。そして五年目になると、国籍や民族、宗教、言語、そして年齢を超えて、人々は同じような挙動、立ち居振る舞いを始めるようになるのだ。

民族の違いや言語の違い、国民性の違いなどと言うが、それらは結局、刷り込みから生じているにすぎない。たとえば私たちは、月を見るとその模様がウサギに見える。ところが他の国の人たちにはウサギには見えないで、蛇とか大トカゲだったりする。こうした刷り込みの威力は恐ろしいもので、いまだにタンポポの綿毛が飛んでくると「耳が聞こえなくなる」と言って逃げる人もいるくらいだ。

このように口承伝承によって民族性とか国民性といったさまざまな価値観が形成されるわけだが、インターネット村の住人たちは、そのほとんどが〝グーグッて〟いる。わからないことがあると、祖母に聞くのではなく、世界最大の検索エンジン「グーグル」で検索するわけだ。その結果、みんな似たような立ち居振る舞いをするようになってしまうのである。

八億人が同じことをやり始めるのだから、このパワーはものすごい。なにしろ八億人といえばアメリカの人口の三倍以上、ＥＵの人口の二・五倍。先進国の全人口は約七億人だが、それを上回る数の人々が、地域や途上国・先進国を問わず、ほとんど同じ情報を得るようになるのだ。しかもインターネット村の人口が今後も爆発的に増え続けることは間違いない。

スペインでもニュージーランドでも同じ会話ができる

私自身が経験した事例を一つ挙げておこう。

最近、スペインで講演したときのことだ。スペインに到着してすぐ、主催者が招いていたビジネスマンと一緒に食事したのだが、私は彼らが昔からの友人だったような感覚を覚えた。というのは、私の経歴から家内の趣味のことまで、じつに詳しく知っているからだ。以前であれば、私はスペインで六冊本を出しているから本に書いてあることは読んで知っていても、私のプライベートなことは知らないはずだった。ところが先日会ったスペイン人は、昨日まで一緒に生活していたかのごとくよく知っている。彼らがグーグッていたことは明らかだ。

スペインの次に訪れたニュージーランドでも同じだった。スピーチの後、大きなテーブルで私を囲んでの夕食会があったのだが、内容がスペインでの会話とほとんど同じだったのである。やはりグーグッていて、私のことを非常に詳しく知っていたのだ。

私は三〇年間世界中を講演して歩いているが、こうした経験は以前にはなかったことである。縁もゆかりもない人と食事をしているのに、私の妻が音楽をやるというようなことまで知っている。インターネットを通じて、世界は一つの小さな村というか、町内会になってきているのである。しかもグーグルエンジンは使えば使うほど味があって、いろいろなことが調べられるし、うまく使えばまさに求めている情報がポコッと出てくる。そのため、インターネット村の住人は、五年もたつと国籍と関係なくみんな似たようなことをやり始めるのだ。皆が同じ情報をベースにするのだから、当然といえば当然の流れである。

この現象が意味することは極めて大きい。インターネットでは国境を越えて情報を簡単に入手することができるから、政府が国民を騙す力がなくなってくる。世界中の人々が同じ情報を共有しているわけだから、世界中の伝統文化をこれから一つにしていく可能性さえあるのだ。

この「大前の法則」は実際には法則というものではなく、あくまでも仮説だが、実際に足で歩いて調べてみて、この仮説が正しいことにますます確信を持っている。

中国人にもニュアンスが伝わる

たとえば先に例として挙げた中国でも、「大前研一の研究家」という人たちが登場してきている。つい最近、中国の天津に住んでいるある学者からメールが届き、そこには「私は昔から大前研一の研究をしている人間です」と書かれていた。そして大前研究会を立ち上げたいのでぜひ協力してほしいというのである。

私は台湾や韓国ではもう十数冊の本が翻訳されていて、以前からよく知られている。中国本土でも四冊が翻訳されてはいるが、私の名前が中国で知られるようになったのは『チャイナ・

インパクト』以降だから、「昔から」というのはウソだろう。しかし、中国の人たちが関心を持って私のことを見始め、インターネットを通じていろいろな情報を集めるようになった。研究家と名乗る人間が登場してきたのもグーグルの結果だろう。

私が『チャイナ・インパクト』で書いたのは、中国に対して優しい内容ではなかった。「日本人のくせに生意気だ」とか「大前研一を糾弾する会」という連中が出てきてもおかしくないぐらい、中国共産党に対して厳しいことを言っていた。しかし実際の反応は、「大前さんは中国のことをよく理解し、中国の将来のためによかれと思って厳しいことも言ってくれている」という非常に前向きな姿勢だった。

このことは、言葉のニュアンスが伝わっていることを意味している。私は中国を諸手を挙げて礼賛するいわゆる「チャイナ・スクール」ではないし、それどころか「中国はこんな問題を抱えている」と平気でいう人間だ。ところが、それをよく研究した上で、中国をよりよくしようと考えている人たちは「大前さんと対話したい」「大前さんの研究をして、大前さんの考え方を中国に生かしていきたい」という態度で、まじめに大前研一の研究会を作ろうとしているのである。

このエピソードを通してわかるのは、結局、この世界は非常に狭くなっているということだ。これまでは中国人にニュアンスまで伝えるのは極めて難しかった。ところがインターネットを通じてさまざまな情報がもたらされることによって、私という人間を理解しようというところにまできているのである。

『チャイナ・インパクト』で書いた地域国家論も、つまりは情報がもたらす結果である。情報が国家の枠を越えて世界共通のものとなり、お金も国境の枠を越えてやりとりされる。これまで実線で括られていた大きな国家の枠組みが点線になり、地域が栄えていくことは、これからの世界の常識なのだ。

私は中国が好きか嫌いかという議論ではなく、それが世界の動きなのだという普遍的なところからスタートして中国を解説した。中国が今後どういうことをすればこの世界の動きのレールを踏み外すのか、あるいはどうすればこの動きを続けられるのかというフレームワークを提示しただけなのである。

これがすごい発想なのかといえば、私は大したことはないと思っている。論理の必然的な帰結を言っているにすぎないからだ。新しい発想や新しい構想というものは、論理的思考の延長線上にあるものであって、突然出てくるものではない。目の前で起こっている現象に対して「どうしてなのか」と疑問を持ち、いろいろな仮説を立てては、その仮説が本当に正しいのかどうかさまざまな設問をしていく。そして「中国はなぜ急速に伸び始めたのか」ということを自分に対して質問してみる。こうした思考の延長線上に一つの発想が生まれてくるのである。

発想というものは、最初は仮説である。「もしかしたら、中国は中央集権がバラけてきて、地域国家の集合体になってきたのではないか――」。これは最初は仮説にすぎない。それが本当かどうか確かめようと思うときには、実際に足で歩き、数をこなして検証していく。つまり「中華連邦」という一つの発想、構想を出すときには、頭の中では何回も反芻しながら、仮説→検証、仮説→検証を繰り返して一つのフレームワークになっていくというプロセスを経ているのである。

ここで私が言いたいのは、いいアイデアを生み出そうとか、飛び抜けた発想をしようと思っても無駄だということだ。やはり日常の中で、論理的思考のトレーニングを行う。体力づくりでいえば腕立て伏せを毎日するように、思考のトレーニングをするしかないのである。

古い思考パターンから抜け出す方法

五分後の雲の形を想像してみよう

論理的思考の中でも、とくに発想の思考回路を鍛えるうえで有用なのは、ふだん使っていないセンス（感覚、触覚）を使うことだ。

これは別に難しいことでもなんでもない。たとえば雲を見て、その五分後の姿を想像してみるのもトレーニング方法の一つだ。じーっと雲を観察していると、雲が形を変えながら、すーっと西から東に流れていく。そのある瞬間に、雲の数分後の姿を想像する練習をするのである。台風のときなどは一瞬で雲の形が変わるから、次の瞬間の姿を想像してみるといい。

このトレーニングにはもちろん正解などないし、正しく五分後の雲の姿を描けるはずもない。しかし、そういう訓練をしていると、頭に新しい思考回路ができてくるのだ。これは英語で言うセンス、日本語で「第六感」という感覚をふだんから使うことに通じる。

仕事で新しい発想を生み出すうえでも、違う感覚を取り入れることは大切だ。一九八六年に出した『世界が見える／日本が見える』という本を書いたときのことだ。当時の講談社の担当編集者が、「大前さんの話はちょっと堅いから、もっと軟らかくしましょう」ということで、普通の主婦を連れてきたのである。そして私が話をするときに、その主婦に「え〜？　なんで？」とか「その意味、わかりません」という合いの手だけを入れさせるようにしたのだ。

そのとき担当編集者は、「自分が聞いているかぎりでは大前さんの話はよくわかるが、自分がわかってもしかたがない。大前さんをもっとポピュラーにするために、主婦感覚を取り入れよう」と発想したわけである。

その主婦がうなずいたり、けげんな顔をしたり、ときには「わからない」と言ったり。そんなやりとりの中で本を書き、結果的に『世界が見える／日本が見える』から私の本の読者層が広がって、当時のベストセラーになった。これは編集者が違う感覚を持ち込んできて成功した一例といえる。

異質のものに触れてみよう

講演会でも、聴衆がビジネスマンだけのときは相手がどんな反応をするかがたいてい分かる。ところが前列に女性が大勢並んでいたりすると、私は話し方をガラリと変えてみて、その人たちがどのくらいうなずきながら聞いているかを観察し、さらに違う話し方を試してみたりする。こうして感覚の違うものを持ち出すことが、発想の思考回路を作る訓練には非常にいい。

自分がふだん使っているセンスや感覚を、ガラッと違うものの前にさらしてみる。それは外国人でも、違う性別の人でも、違う年齢の人と話すことでもいい。そうしたことが、新しい発想やアイデアを生むうえでとても有効なのだ。

極端な話をすれば、私の場合、英語で話しているといいアイデアが出てくることがある。日本語の回路で考えていたことを英語で説明すると意外にうまくいかないことがあって、それを英語で一生懸命喋ろうとしているうちに、ポンとアイデアが出てくるときがあるのだ。

自分がふだん使っている日本語の回路にはどうしても固定観念があり、新しい発想が生まれにくい状態になっている。英語という違う回路を使うことで、発想のスイッチが切り替わることがあるのだ。異物に触れるということは、発想を豊かにしたり、ある仮説を必要十分条件にしていくときには必要である。

そのほかに私がよくやるのは、たとえばこんなことだ。夜、汽車に乗って車窓を眺めていると、外の明かりが走馬灯のようにパッパッと通り過ぎていく。それを進行方向に向かって左側を窓にして座って見ているのが、とても刺激になるのだ。左の目は右脳に繋がっているから、おそらく右脳の刺激になるのだろう。夜汽車の中でそうやって何か書き物をしたり、一生懸命考えていると、不思議とパッと新しいアイデアが浮かんできたり、考えがまとまったりするのである。

事故を起こすと困るので大きな声ではすすめられないのだが、目をつぶって道を歩くこともある。もちろん事務所の周辺だけだから、どこに何があるのかは十分承知だが、視覚をふさぎ、耳やその他の感覚だけを頼りに歩いていると、ふだんとはまったく違う景色が見える。この先には本当に何もないのかとか、そろそろ曲がり角のはずだがどうやって確認しようかとか、急に不安になったり恐怖を感じたりすることもある。ほとんどの人は「なんでそんなことをやるの?」と疑問に思うだろうが、こうしたことがふだん使っていない脳の部分を刺激するのである。

また、私は仕事でメモを取ったり、アイデアを練ったりするときに、青色の方眼紙を使っている。その方眼紙の左下から右上に向かって、ポイントを書き出していくのである。クライアントの話を聞きながらそうやってメモをとっていくと、方眼紙の右上に来るときにはピラミッド・ストラクチャーが完成していて、一つの結論が導き出されていることも多い。

通常は、縦書きなら右上から左下に、横書きなら左上から右下に向かって文字を書く。それを逆さまにすることで、違う物の見方ができるようになるのだろう。もちろんこれは慣れの問題だから、誰にでも簡単にできることではないだろうが、これも通常とは違う脳の部分を刺激する方法の一つである。

人間というのは怠惰な動物だから、脳の使い方をパターン化してしまうと、それ以外のやり方では刺激しようとしなくなる。しかし、発想やアイデアを生み出す思考回路を鍛えるためには、つねに脳の違う部分を刺激することが重要なのだ。

脳を刺激する休日の過ごし方

会社への通勤路を往復し、同僚やいつものお客さんと話をして、くたびれ果てて家に帰ってきて、家族とほとんど話もせずに寝てしまう。こんな生活では、脳の回路が完全にパターン化されて、そのパターン以外の発想は絶対に生まれなくなる。

今の思考パターンから脱するための一例として、みなさんにぜひ次の課題をやってもらいたい。

練習課題

次の休日に、江戸川の土手に上がって一〇キロ歩いて戻ってきてください。

もちろんこれは東京近郊に住んでいる人に対しての話で、関西なら淀川というように、自分の住んでいる地域で場所は変更される。ただし、家の近くでいつも行っているような場所は除外するのが基本ルールだ。すでに江戸川べりに住んでいるような人は、多摩川や利根川など別の場所に変えること。〝ふだん行かない場所〟がポイントなのだ。

なぜこんな課題を出すのかといえば、たとえば江戸川の土手の上を一〇キロ歩くという行為だけで、ふだん見ていない景色がたくさん見られるからである。

自分にとって新しい風景が、ふだん使っていない脳の回路を動かしてくれる。「この辺りに住んでいる人たちは、こんなふうに憩いの時間を過ごしているのか」とか、「自分も老後、こんな場所にきてゲートボールをやるようになるのだろうか」とか、いつものサラリーマン生活とは違う景色に触れることで、次第に脳が活性化してくる。

そして、次に自分に対して質問をしてみる。

まず「この近くに引っ越してみようかな」と思うと、「緑も多いし、環境もいい」といったよい面や「買い物や学校はどうなのかな」「夏は蚊が多いかもしれないな」といった悪い面など、いろいろなことが頭に浮かぶ。「こんど子供を連れてここに来てみよう」と思えば、「そのときは何をするか」「車で来たら駐車場はどうするか」「昼御飯はコンビニで買うか、それともこのへんでバーベキューをやるか」と、また頭の中の歯車がカッカツと動く。

さらに「この土手の上に家を建てさせてくれたら、自分ならこんな家を建てるけどな」という具合に、質問は次々に浮かんでくる。国土交通省は絶対に建てさせてはくれないが、もし建てるとしたらどんな家にするか。あるいは「対岸（千葉県、あるいは埼玉県側）がいいかな」と考えて、またそのいい面、悪い面を考え始める。「次に来たときは、橋を渡って向こう側に行ってみよう」ということになって、また頭が動く。

川の反対側を見ると、土手の外に江戸川区の乱雑に密集した住宅街が広がっているから、それを見て「どうして俺たちは狭いところで押し合いへし合いして住んでいるのに、ここには家を建てさせてくれないのか。こんなに広い場所が空いていて、景色もこっちのほうがずっといいのに」と、国に対する怒りが湧いてきたりもする。

そして「洪水がきても責任は持たないという条件で、もし国土交通省がこの土手に住宅を建てることを許したとしたら、いくらくらい安く建てられるか」とか、「そういう交渉は誰とどうやってやればいいのか」と、さらに頭の中が激しく動く。

そのうち「自分が今日歩いた一〇キロにびっしり家を建てるとすると、何軒建つか」と考え始める。単純な計算で四〇万軒という答えが出てくるのだが、「他にもこの土地のうまい活用法はないか」というように、どんどん質問していくことで、それまで自分がけっして考えなかったようなことを考えるようになるわけだ。

「考える」とは、自分に質問することである

私の場合、こうして考えることの連続で人生を生きてきている。歩いているときも、けっしてボケッと歩かずに、つねに考えている。だから頭が動く機会が非常に多いのだ。こうした思考の連続の上に、私のいろいろな経験や発想がある。

「考える」とは、つねに質問をし、自分で答えを一生懸命に見つけるということだ。「今、ここで答えを出さないと王様に殺される」という強迫観念のもとに、自分の持っている数字やデータを頭の中からひっぱり出して計算し、「なるほど」と思える解答を見つけ出す。こんなことは、本当は誰にでもできることなのだ。

よく「柔軟な頭」という言い方をするが、それは物事を深く考えずに何でも受け入れてしまう頭のことではない。私が「頭を柔らかく」というときは、たとえば「目が見えないと思って街を歩いてみろ。脳の違う部分が刺激されて、物事の受け止め方が変わってくるぞ」ということを言っているのだ。柔軟な頭とは、怠けた頭ではけっしてないのである。

「散歩するならボケッと歩きたい」という人は、問題解決に立ち向かったり、新しいビジネスモデルにチャレンジしたりすることは諦めなければならない。知的に怠惰な人にはそれなりの

人生がある。あなたがそのような人生を送りたければそれはそれでいいが、だとしたらこの本を読んでも仕方がないだろう。

では、「少しでも自分を向上させよう」と考えている人には、今の江戸川の土手の話の延長で、次の練習問題をやってもらおう。

練習問題

花見をしている人たちを見て、〝花見と日本人〟をテーマに起承転結のある一二〇〇字の論文をまとめてください。

解答・解説

大切なのは、「こんなことを考えて何になるの?」と思わずに、とにかく「考えたい」と思うことだ。

私の事務所は近くに桜の名所がいくつもあるので、桜が三分咲きぐらいになった頃から散るまでの間、何回も自転車で通って花見の様子を観察している。すると「陣取りをやっている人間と、宴会のときに大きな顔をしている連中はどう違うのか」とか、「最近、ゴザの材質が変わってきた」とか、「途中で雨が降り始めたとき、みんながどんな行動をするか」ということなどがわかってくる。さらに「なぜ他の花ではなく、桜の下でだけあんなに騒ぐのか」というように、ずっと見ていると「日本人論」が一冊書けるぐらいになってくるのだ。

「当たり前」と思わない人が成功する

花見の後には、膨大な量のゴミが出る。行政はフレキシビリティがないから、花見シーズンの後半になるとゴミが処理しきれずにたまってきてしまう。これが普通の民間企業だったら、ロード・フォロワーといって、ピーク時にも対処できる人員配置を考えるはずだ。たとえばマクドナルドの店員の数は、もっとも忙しいピーク時に合わせて人数が増えるようになっている。ゴミ処理もピーク時に合わせてやればいつもと同じようにキレイになるのだが、行政はそれをやらないから、処理しきれないゴミが残ってしまうわけだ。

このように花見というテーマ一つで、ある意味で日本の縮図を見ることも可能だ。

このテーマのいいところは、ふだんはほとんど考えたことがないという点だ。当たり前だと思っていつもは見過ごしていることの中に、じつはいろいろな考えてみるべきことが含まれているのである。

ビジネスの世界でも、ほとんどの人が当たり前と思って見過ごしていることを、当たり前と思わずに考えてみた人が、結局、事業で成功している。タイプとしては、普通の人が見過ごしているところを虫眼鏡で見るように極度に拡大し、そこから需要を引っ張りだしているタイプの人が多いように思う。

「花見と日本人」論でも、「日本人にとってお花見とは何か」「花見はこのまま続くのか。それとも今後廃れていくのか」ということを含めてお花見というものを分析し、さらに「より楽しくお花見をしてもらうためにはどうすればいいのか」「ゴミ処理などの問題を解決するにはどういう方法があるか」といったことを提言するつもりで取り組むと、かなりの頭の訓練になる。

こうした思考方法はビジネスにも繋がる。商売の種になるとは思ってもいなかったことを考えているうちに、ふっとニッチ・ビジネスと呼ばれるようなアイデアが出てきたりもする。誰もがテーマと思わないようなところにこそ、誰もが思いつかなかったビジネスチャンスがあるかもしれないのだ。

考えるときはつねに緊張感を持て

私は世界中で講演に呼ばれるから、そのテーマもじつにさまざまだ。しかも講演料が高いので、相手からの要求レベルも高い。それに応えるには、相応の脳のトレーニングをしていなければならない。

たとえば先日も、アメリカのカロライナにあるデューク・パワーという電力会社から、「会社創立一〇〇周年記念スピーチ」の依頼がきた。カロライナには北カロライナ州と南カロライナ州があり、講演のテーマは「カロライナズという、南北が一緒になった地域をどうやって繁栄させていくか」であった。

なにしろ一〇〇周年記念事業だから、先方はものすごく力が入っている。一年以上前からスタッフが準備をし、「カロライナの将来」や「地域戦略」を考えてきた結果、私の『地域国家論』（講談社）がその答えだということになり、「講演料は高いけど仕方がない。ミスター大前に頼もう」ということになったらしい。

事前にデューク・パワーの社長から電話があり、私がいろいろと質問に答えていくうちに正式に講演が決定。単身、カロライナのシャーロットという町に出かけることになった。メインゲストは私で、後は全部ローカルな人たちだが、カロライナにある企業のトップや名士が全員来ていて知的レベルはけっこう高い。その人たちの前で、日本から来た大前研一がカロライナの将来に向けた地域戦略について話をするわけである。ギャラが五万ドルだから、その額に見合う「なるほど」と思うだけの話をしなければならない。

こういうとき、私はカロライナの人間になったつもりで、先方の資料を見ながら自分の持っている地域国家論などのフレームワークと合わせて述べていく。最終的には一時間の講演にし、後はパネルディスカッションなどをまとめていくわけだ。

こうした作業は、日頃から訓練をしていなければけっしてできない。ふだんから五〇〇万円だろうが五万円だろうが、タダであろうが、つねに一時間五〇〇万円の価値を生むのと同じだけの緊張感を持っていなければいけないのである。普通のビジネスマンは、社長や部長に呼ばれたときだけ恰好よくやろうと一生懸命になるが、あとは知的に怠惰というのでは、社長の前でも恰好よくできるはずがない。

そういう態度は、剣の道でいえば相手を見下しているようなもので、往々にして油断してグサリとやられてしまう。つねに緊張感を持って同じ態度で臨む姿勢がなければ問題解決の力は向上しないし、よい発想も浮かばない。

もちろん相手によって話し方は変える。たとえば主婦が前列に並んでいるときは言い回しを変えたりするけれども、考え方の強度そのものは変えることはない。相手によって緊張がゆるんだり、考え方の強度を変えたりする悪い癖がつくと、「この連中に説明するときは、ちょっとくらいいい加減でもいいや」という態度になる。こういう人間は、社長の前に行ったときもいい加減になってしまうものなのだ。

仮説をぶつけあえる友人を持とう

思考トレーニングのより効率的な方法としておすすめしたいのは、「よい会話の相手を見つける」ということだ。

よい会話の相手というのは、お互いに自分の仮説について考えを戦わせることのできる相手のことである。幸い、私にはけっこういい友人が何人かいる。たとえば、ある友人が私に「この会社の株価が思ったほど下がらない。ボロ会社なのにどうしてなのか。オレはこの会社がこの後減資するからじゃないかと思うんだけど」と訊いてくる。それに対して私は「いや、そうじゃない。こういう事情があるからじゃないか」というようなことを言う。すると、相手もまた「いや、それは違う」というふうに、お互いの仮説をぶつけあうのである。

そうすることで自分の仮説についてさらに考えを深めることができるから、こうした友人がいることは論理的思考のトレーニングをするうえで非常に効率的なのだ。

ところが、一般のビジネスマンの会話を聞いていると、非常につまらない話ばかりしている。日経新聞や朝日新聞で読んだことを自分が言う。相手も「そうだよな」と言ってその話をする。二人の会話はいつまでたっても日経新聞や朝日新聞で読んだフレームワークから出ていかない。自分で考えたものが何一つないのである。

テレビで見たり新聞で読んだりした知識を人に言う。相手も同じものを見たり読んだりしているから、「オレもそれを読んだぞ」といって会話に入り、書かれていた内容をお互いに確認してそれで終わり。これでは思考回路はまったく働かない。しかも、新聞やテレビは大本営発表よろしく政府が言ったことを垂れ流しているだけだから、世の中が本当はどう動いているかは書かれていない。それを鵜呑みにして確認し合っても、何も意味がないのである。だから新聞を読むときには、「新聞にはこう書いてあるけど、本当なのか？」という疑問をまず持つべきなのだ。

私たちの会話はそうではない。テレビでも言わないし、新聞にも書かれていないことについて「こうではないのか？」という仮説をもとに話を展開していく。こうした会話をするためのトレーニングとして、次の練習問題に毎日取り組むことをおすすめする。

練習問題

新聞を読んで、毎日五つの疑問を出してください。
そして、自分なら何をどう調べて、より完成度の高い記事を書くかを述べてください。

解説

発想が豊かになるためには、知識は少ないほうがいい。なまじ知っていることが書いてあると、それを確認しただけで頭の働きは止まってしまう。じつは「理解した」と思うことが、人間にとってはもっとも危険な状態なのである。

理解すると頭がそこで止まる。また、理解したフレームワークで他のことを説明しようとする。ケインズ経済学で景気対策まで出そうというのと同じことになる。現実の経済がサイバー社会やボーダレス社会の出現によってケインズの時代と大きくずれてきているのだから、これではうまくいかない。

よい発想とは、理解していないか、いくつかの疑問があるというモヤモヤした星雲のような状態の頭で考えるときに生まれやすい。答えがわからない。なぜなのか。頭が星雲状態のままで鋭く考え続けていると、「こうじゃないのかな」と仮説がひらめくことがある。つまり「分からない」「理解できない」というフラストレーションを利用してテンションを上げるほうが、「これに違いない」という発想が生まれやすいのだ。

日本の教育が答えを教えてしまうということの弊害は、この点からも大きい。考える癖をつける教育をする北欧に人材育成で軍配が上がるのはこのためである。

第6章

五年先のビジネスを読み解く

未来の予測は誰にでもできる

「今が買い得」に騙された人、騙されなかった人

先見性というと、あたかも予言か何かのごとき「ひらめき」とか「直感」によって生まれるものだと誤解している人が多い。しかし私に言わせれば、先見性もまた論理的思考によって生まれるものなのだ。

私が提唱してきた「ボーダレス経済」にしても「地域国家論」にしても、その当時は誰も想像もしていなかった。しかし世の中の動きを観察し、「こうではないか」という仮説を立て検証していくと、それを裏付けるさまざまな証拠が見つかって「間違いない」ということで導き出された。

道州制を言い始めたのは一九八〇年頃のことだが、二五年近くたった今頃になってようやく、自民党や民主党がマニフェスト（政権公約）として掲げるようになった。とはいえ、両党とも道州制の本当の意味をわかっていないから困ったものだが……。

身近な例で話をしよう。日本の土地の価格は、一九九〇年頃をピークに下落の一途をたどっている。都心の一部では上昇に転じたところがあるものの、ほとんどの地域ではまだ下がり続けているのが現状だ。

一九九一年から九六年頃の間に家やマンションを買ってしまった人は、今頃さぞ悔しい思いをしているはずである。なにしろ自分が七〇〇〇万円出して買ったのと同程度のマンションが、今では三〇〇〇万円くらいで売りに出されているからだ。あるいは通勤時間が一時間半や二時間もかかるところにやっとマイホームを購入したと思ったら、今なら同じお金を出せばその半分も通勤時間がかからない場所で同程度の物件が買えてしまうのである。

しかも三五年払いで借りたローンの月々の支払いは、ほとんどが利子に食われてしまい、まだ元本はほとんど返済できていないことになっている。とくに九三年から九五年頃にローンを組んだ人は、もしあと五年待っていれば返済額は半分ですんだはずなのだ。

この悲劇は、「誰も予測できなかったことだから仕方がない」ことなのだろうか？

たしかに当時は、誰も「土地の値段はまだまだ下がるから、家を買うのは待つほうがいい」とは言ってくれなかった。それどころか、住宅販売業者だけでなく経済評論家と呼ばれる人たちまでが「もう土地はこれ以上は下がりません。金利も下がってきているので今が絶好のチャンスです。今を逃すともう買えなくなりますよ」などと言っていたのである。

しかも九三年には、住宅金融公庫が「ゆとり返済」というローン商品を出した。このローンはステップローンといって、最初の五年間は返済額が少なく、それを過ぎると急に月々の返済が増える仕組みになっている。当面の支払いは安く見えるところが、非常にタチが悪い。なにしろ金利四％で三五年ローンを組んだ人は、六年目から返済額が三割増しになってしまうのだ。

　当時は新聞などに折り込みで入ってくる不動産広告に、ゆとりローンを使用した場合の最初の五年間の返済額がうたわれていた。「月々わずか○万円で夢のマイホームがあなたのものに」などと、いかにも返済が楽なように見せかけたので、多くの人は「今が買い得なのか」「家を買うなら今しかない」と錯覚してしまったのである。不動産屋でステップローンについて質問しても、「だんだん給料が上がっていくから大丈夫ですよ」などと言われて「そうかな」と思ってしまい、無理なローンを組んでしまった人も少なからずいたはずだ。

　ところが、その後に来たのは給料が確実に上がるどころか、下手をすると減ってしまう時代である。収入は減っているのにローン返済額は年々高くなるのだから、これは本当に辛い。何が「ゆとり」なのか、と言いたくなる。

　この「ゆとり返済」によって、それまで持ち家をあきらめていた人も住宅を購入するようになった。その結果、住宅金融公庫の契約者は、それまでの五〇万人台から、九三年には七〇万人以上、九四年には一〇〇万人近くにまで急増。このうち「ゆとり返済」を使った人は、この二年間だけでじつに七〇万人にものぼった。九五年末の住宅金融公庫の融資残高件数は六〇〇万件に達している。

　いってみれば、「ゆとり」という甘い言葉を使って政府と業界がグルになって国民を騙し、金を借りさせ、家を買わせたのである。目的は景気浮揚であった。国民生活者を景気刺激の手段に使った許しがたい暴挙である。しかし政治家も業界も、そして評論家と称する人たちも、今となっては素知らぬ顔だ。

その後、住宅公団のマンションなどを高値で買った人たちが、同じ公団のマンションの値下げ販売に対し、「私たちは高値で買ったのに値下げするなんて許せない」などといって反対運動を起こす騒ぎもあった。

しかし改めて聞く。この事態は、本当に予測不可能だったのだろうか？

「地価の下落は続く」と予測できた理由

私は少なくとも九二年には「東京の地価は五倍は過大評価されている。いずれ五分の一になる」と主張し、『文藝春秋』にも寄稿していた。九五年にも『文藝春秋』に「不動産はまだ下がる」という記事を書いた。

周囲の人が「下げ止まる」と言い続けている中で、なぜ私は土地の下落が続くことを予測できたのだろうか。これはたしかに「先見性」だが、じつは政府や業界、マスコミの言うことを鵜呑みにせず、誰にでも手に入るデータを分析するだけで簡単に出せた答えなのである。そのデータとは、以下のようなものだ。

・当時はバブルの後始末がすんでおらず、都内だけでも大量の土地が余っていた。

・バブル景気に群がってきていた外資系企業も日本の支店を閉鎖しはじめ、地方から出てきた会社も東京から撤退。東京のオフィス需要が減り、勤務者たちの住宅地も余ってきた。
・倒産する企業が急増し、借金の抵当に取られた物件が銀行にどんどんたまっていった。
・重厚長大産業は都市近郊から移転していき、その工場の跡地は住宅に利用するしかない。
・ウルグアイラウンドの協定によって農作物の輸入が自由化され、老齢化した農家が農業を放棄、休耕地が増える。一方で定期借地権法が導入され、余った土地を持っていた人たちが定期借地を始めた。当時、私はこれによって都心から五〇キロ圏だけで三七万ヘクタールの土地が放出されると計算し、発表していた。
・建築基準の規制緩和や、輸入資材の流入などにより、建築費用も下がることが見込まれた。

以上の事実を見ただけでも、地価の大幅な下落が続くことは九三、九四年頃には予想がついたし、九五年には確定的になっていたのである。

政府もそんなことは知っていたにもかかわらず、業界や銀行と組んで国民の持ち家購入を後押しした。それまでの日本経済は「土地本位制度」だったから、なんとか国民に家を買わせよう、しかも高値で買わせて景気を回復させようと考えたのだ。その経緯を見てみよう。

「一九九〇年に銀行による不動産融資の総量規制が行われ、不動産会社間の土地の売買ができなくなり、土地取引が冷え込んだ」

↓

「それに加えて、銀行が融資条件を厳しくするいわゆる窓口規制が行われ、ますます土地に金が流れなくなった」

↓

「その結果、不動産会社の倒産がじわじわと始まった」

↓

「このままでは銀行の債権のこげつきが増え、ゼネコンの経営も圧迫される」

そこで、「このままでは銀行とゼネコンがバタバタと倒れてしまい、困ったことになる」と考えた政府が〝借り手〟として狙い撃ちしたのが、一般の国民だった。住宅需要を喚起して家を買わせる。しかも高値で買わせることができれば、不動産会社もゼネコンも銀行もひと息つくことができ、景気が回復するというシナリオだ。つまり、国民を犠牲にして、ゼネコンと銀行を救済することが目的だったのである。

しかし結果を見ると、六〇〇万人近くの人が家を買ったにもかかわらず、景気は回復せず、失業者数は一九九一年の一三六万人から、二〇〇一年には三五三万人にまで増加してしまった。多くの国民を騙したあげく、得られた効果はゼロどころか、大きなマイナスだったのだ。

潰れるべき銀行は潰すべし

私は「地価は五分の一になる」と言うのと同時に、「これでは普通の銀行はもたないから一〇〇行は潰れる」「潰れるべき銀行は潰すべきだ」と言ってきた。

当時、政府は不良債権は一三兆円と言っていたが、私の計算では不良債権は二〇〇兆円あった。それでも日本の個人金融資産は一〇〇〇兆円あったから、日本の資産の二〇％でしかない。だから日本はこの苦境を必ず乗り越えられるから、早く処理したほうがいい。潰れる銀行は潰し、潰れる企業は潰したほうがいいと言ったわけだ。

しかし、銀行は公的資金の注入と、前章でも触れた超低金利でほとんどが生き延びた。そのために国民の財産が食いつぶされ、日本の景気低迷は長く続くことになり、いまだに不良債権が一〇〇兆円（しかも厄介なものばかり）も残っている。

付け加えておけば、私は九二年の段階で「適正な日経平均株価は九〇〇〇円」だと言っていた。この数字も株価収益率や収益還元価格（ＮＰＶ）という方法を使って計算すると出てくる数字である。

ようするに、前章まででお伝えしてきたような科学的アプローチ、論理的思考を働かせれば、地価が今後どうなるのか、株価は本来いくらが適正なのかを割り出すのはそう難しいことではないのである。

それができないのは、「銀行が潰れると大変なことになる」とみんなが思っているからだが、ここでちょっと思考回路を働かせてもらいたい。

練習問題

日本の銀行が潰れたら、どんな大変なことが起こるのか、また、誰が困るのかを考えてください。

正解は、別に大変なことは起こらないし、誰も困らない。みんななんとなく「銀行が潰れたら困る」と思い込んでいるが、じつは政府のフェイントに引っ掛かり集団催眠にかけられているだけなのだ。きちんと思考回路を働かせてみると、じつは大変なことは起こらないし、困ることも何もないのが分かる。

銀行は経済の血管だというが、日本の銀行は一〇年以上にわたってその機能をまったく果たしていない。それでも日本経済が破綻していないということは、銀行が潰れても何の影響もないということだ。国際的に見ても、日本の銀行は世界から資金調達をしていないから、日本発の信用不安というものも起こらない。

政府による銀行救済はまったく無意味

事実、一九八〇年代のアメリカや九〇年代初頭のスウェーデンなどで、不良債権が処理できずに銀行がいくつも潰れた。しかし、それで困った国というのは存在しないのだ。八〇年代のアメリカでは、S&L（貯蓄貸付組合）が軒並み経営危機に陥ったが、当時のブッシュ大統領が公的資金一五〇〇億ドルを投入して預金者を保護しつつ、七〇〇以上のS&Lを清算した。注意すべきポイントは、公的資金を〝預金者の保護〟に使ったこと。けっして日本のように銀行（この場合はS&L）の延命のために使われたのではない点だ。

当時、カリフォルニアの銀行の半分は潰れ、テキサスの地場の銀行は全部潰れたが、それ以後、カリフォルニアやテキサスの企業が融資を受けるのに困ったという話は聞いたことがない。

それはなぜか。銀行業務が必要なかぎり、必ず誰かが代わりをするからだ。

預金が保護されていれば、そのお金は潰れた銀行から新たな健全な銀行に移る。新しい銀行がそのお金を企業や個人に貸し出すので、融資が減ることもない。だから政府が特定の銀行を救う必要などまったくないのである。

むしろ銀行が減るときは、新規参入組にとっては大きなチャンスだ。

たとえば、私はUFJは本当はトヨタ自動車が買うのが一番いいと考えている。トヨタは自動車ローンを扱うためにすでに金融子会社を運営していて、トリプルAの評価を受けている。四兆円弱といわれるUFJの不良債権も、トヨタなら十分引き受けることが可能だ。これまでトヨタが銀行業に参入しようとしなかったのは、既存の銀行を保護する姿勢の強い金融庁の下で、さまざまな規制をかけられることを警戒していたからにすぎない。

NTTにしても、その気になればすぐに銀行を始められる。海外では通信会社も金融子会社を設立する例は多い。AT&Tなどはクレジット業務を始めてからわずか二年で全米のトップ企業になり、その後、部門ごとシティバンクに売却して巨額の利益を得た。

月末一括引き落としのシステムを持つ電力会社は、九社すべて銀行を持つ力があるし、その他にも銀行業に参入する力のある企業は日本にはたくさんある。たとえば富士写真フイルムや任天堂などは、一兆円の資金がありながら本業の先行きは暗い。ならばトリプルAの財務体質を引っさげて、銀行業界に殴り込みをかけたほうが先は明るいのではないか。

国から公的資金を入れてもらって延命し、しかも金利をまったく払わずに国民の金をネコババしている銀行より、元気のある企業に銀行業を始めてもらったほうが、国民にとってもよっぽど大きなメリットが生まれるのである。

唯一、潰れた銀行の行員が困ると言えば困るが、もともと日本の銀行員には資金の運用能力も客に対する提案力もない。銀行に勤めているというだけで高い給料を貰える時代はもう終わりだから、早めに退職して自分にふさわしい仕事を見つけたほうが本人のためだろう。

土地の問題も銀行の問題も、「日本は土地本位制だ」というような古い価値観から抜け出せず、経済がまったく新しく変わってしまったことに気づけなかったことが招いた結果なのである。

さて、土地と銀行の話はこのくらいにして、ここからは新しい経済、見えない大陸に広がるビジネスチャンスと関係のある先見性の話をしよう。

五年後の世界を見通すための思考回路

「機能分解」をしてから考える

「先見性がある」ということは、英語で言えば「フォーシズ・アット・ワーク（FAW）」、つまり今それに働いている力がずっと働き続けたときにどうなるか、を見抜く能力があることだと言える。ただしそれだけでなく、今の傾向がますます強くなっていくのか、そうはいかないのかを見分けなければならないし、いくつもの要素の中で将来はどの部分が大きくなるのかも見通さなければならない。そうした思考回路をもつことが、先見性の条件というわけだ。

どんなトレーニングをすれば先見性の思考回路を鍛えることができるのか。まずは練習問題を出してみよう。

練習問題

携帯電話が五年後にどうなっているかを考えてください。

解答・解説

こうした質問に思いつくままに答えようとする人は、論理的思考力ゼロ。もちろん先見性は皆無である。先見性の思考回路を鍛えるための考え方のポイントは、まずそれがもつ機能を分解することだ。そしてそれぞれの機能が将来的にどうなっていくかを見通すのである。

携帯電話の将来についてはいくつかの姿が考えられる。すぐに思いつくのが、実用化が一部で始まっている電子財布としての機能、パソコンとしての機能、パソコンのI／O機器すなわち入力（INPUT）／出力（OUTPUT）機器としての機能などだ。

まず電子財布としての機能を高めていくと、「Suicaと合体する」とか「ETCと合体する」「Edyと合体するかもしれない」といったことが想像できる。あるいはそれらが全部合わさって、財布の中にあるものが全部携帯電話に入るようになるかもしれない。

今財布を開けると、現金がありキャッシュカードがありクレジットカードがあり、運転免許証がある。それを全部携帯電話の中に入れることは十分に可能だろう。日本の警察は遅れているから携帯電話が運転免許証になることはないだろうが、よその国ではもしかするとあるかもしれない。

そうすると、身分証明書とクレジットカードと支払い機能、プリペイドカードとオレンジカードが全部入った、電子財布の機能を突出させた携帯電話がありえると考えられる。

次に携帯電話のパソコン機能が拡大していくと、フルテキスト（長文）のEメールができたり、グーグルなどの情報検索もできるようになる。携帯電話がパソコンのようになるのは時間の問題だろう。実際、アメリカでは一足早くPDAが普及していたが、今ではPDAから携帯電話に戻ってきている。一方、パソコンは「ボイス・オーバー・IP」というIP電話にもなっている。パソコンが携帯電話化し、携帯電話がパソコン化する動きがすでに起こっているわけだ。

携帯電話がフルパソコン化するには、キー操作が面倒くさいと思われる可能性があるので、今後は全部音声入力できるようになっていく。検索機能も、「〇〇とは」と声で入力すると、音声で答えが返ってくるというように、音声と組み合わせたフルの情報検索機能が組み込まれることになるだろう。

また、すでにａｕの一部にあるように、ＧＰＳと連動して、たとえば「〇〇というレストランを教えて」と入れると、グーグルなどでそのレストランを見つけてきて地図がダウンロードされ、行く道も教えてくれるようになる。この場合でも難しいインプットをなくすためには、音声との連動が不可欠だ。

このように、携帯電話はフルパソコン化し、しかも音声認識・音声出力をするようになるというのが、一つの自然な姿だと言えるだろう。

パソコンのI／O機器としての携帯電話

もう一つは、パソコンのI／O（入／出力）機器としての携帯電話である。すでに携帯電話にはカメラ機能が付いているが、そのカメラがすでにパソコンのインプット機器になってしまっているということだ。カメラ業界という業界はすでに存在せず、パソコン業界の中の「画像入力機器部門」になってしまったのである。その証拠に、カメラ業界ではデジカメが主流になっていて、今やパソコンがないと成り立たない。

この観点でいくと、iPodも音楽をダウンロードしているのだからパソコンの出力機器の一つだと言える。アップル・コンピュータのスティーブ・ジョブスあたりは、新しい音楽をダウンロードしてiPodに入れ、外でウォークマンのようなスタイルで聴くという程度のことしか考えていないようだが、本当に有用なのは次のような使い方である。

携帯電話の中にハードディスクを少し強化して入れれば、ホームサーバーからお好みの音楽をダウンロードして聴くことができるから、ｉＰｏｄはいらない。パソコンのＩ／Ｏ機器として、カメラだけでなくＣＤプレーヤーも携帯電話に入ってしまうわけだ。このときの障害はヘッドホンの面倒臭さだが、コードをなくして無線式にすれば解決する。コードなしで無線のヘッドホンを耳に突っ込むだけでいいとか、骨伝導で首にかけているだけで聞こえるというふうにすれば、ものすごい需要があるだろう。

そもそも携帯電話にコードはなじまない。「電磁波が脳に悪い」などと言って携帯にイヤホンとマイクで通話していた連中も、一ヵ月たつとやらなくなってしまう。だから、無線のイヤホンが開発されればかなり大きなインパクトがあるだろう。それはすなわち携帯電話がパソコンの機能を持ち、音楽や映像のＩ／Ｏ機器になるということなのだ。

ここまでくると、携帯電話は誰とでも話せるコミュニケーションのツールであると同時に、ｉＰｏｄなどの機能がオールインワンになった音楽や映像を楽しむエンターテインメント機器であり、かつ電子財布であるということになる。

携帯電話がＩＤに

声で本人かどうかが識別できるようになると、携帯電話はセキュリティにも使える。携帯電話にはすでに赤外線があるから、そこに車などの鍵機能を入れてしまうこともできる。自分の声がＩＤになっていて、ボイスＩＤがないとドアが開かないとか、エンジンがかからないとなれば、車が盗まれる心配もなくなる。

さらに携帯電話をＧＰＳと連動させるとしよう。携帯電話の鍵で車のドアを開け、ＧＰＳに携帯電話を突っ込めば、ハンズフリーで電話がかけられ、ハンズフリーで会話ができる。音声で「この近くに××というラーメン屋はないか？」と話せばＧＰＳに繋がって「行き先を案内します」と、ボイス一発で道路案内までプロットできる。

また、ＧＰＳは衛星通信だから双方向ではないが、携帯電話はパケット通信網でインターネットとつながるから、そこから引き出した情報は携帯電話を通じてＧＰＳの大きなスクリーンで見ることができる。

ここまで述べてきたことは、すべて先見性から生み出される構想である。しかしそのために私が頭の中で行っているのは、携帯電話の持っている基本機能を極端に強調して、将来に当てはめて見ているだけのことだ。これまで挙げてきたことの中で、技術的にできないことは一つもないのである。

ところが業界はそうした見方をしていないから、機能が統合されていない。車の鍵にはすでに指紋や声による認証が入っていて、赤外線で飛ばすようにもなっている。ＧＰＳでも、電話番号を入力すればその店の行き先案内をしてくれるものができている。パソコンとｉＰｏｄはつながっているけれども、携帯電話にはまだつながっていない。カメラ付き携帯電話は当たり前になっているけれども、処理方法はわかりづらい。このように「業界」は全部バラバラになっている状態なのだ。

すべては携帯電話に統合される

これを電子財布をテーマにユーザーの視点から見てみよう。今は日本にはＳｕｉｃａがあり、ＥＴＣがあり、Ｅｄｙがあり、ＦｅｌｉＣａがあり、さらにＶＩＳＡやマスターなどカード会社もそれぞれバラバラにやっている。ユーザーにとって不便なこと極まりないのが現状だ。

たとえばＳｕｉｃａで買い物ができるようになったといっても、範囲はまだ駅構内に限られている。「徐々に拡大していく」というが、「徐々に」ではダメなのだ。いくらカードが個々に便利な機能を拡大しても、最初に構想をもってやらなければ非常に使いづらいものになる。これではユーザーは電子財布の時代になっても、クレジットカードを何枚も持って歩かないといけないし、カードがなければＪＲにも乗れない、高速道路の料金も払えないことになってしまう。

各社がバラバラにやっているのを逆さまにして、どこか一つが全体の構想を持ってやらなければいけない。たとえばドコモがすべての機能を一つに統合し、ＳｕｉｃａもＥＴＣも何もかも全部入れてしまって標準化すれば、携帯電話がすごい電子財布になる。

そう、今あるバラバラの機能を一つで解決できるのが、携帯電話なのだ。

携帯電話ならパケットで常に本人であるかどうかが証明可能だから、クレジット機能を使うときでもその瞬間にＩＤが取れる。「怪しい」と思ったら「声を出してみろ」と言って音声をパケットで飛ばして認証すれば、間違いなく本人だとわかる仕組みだ。たとえばＳｕｉｃａには本人であることを証明できるものが入っていないから、盗まれれば終わり。最終的に勝つのが、ネットワークに繋がった携帯電話であることは間違いない。

この先行事例としては、プリンターが参考になるだろう。つい最近までは、ファクシミリと複写機とプリンターが別々にあった。しかし私はすでに二〇年以上も前に、『続・企業参謀』で「複写機はカメラ」だと書き、日本中で講演していたのである。

プロセッサーがあって、入力があり出力がある。入力するものが人物の顔だったり景色だったりすると「写真だ」と思い、たとえば建物の設計図だったら「画像データだ」と思い込んでいるだけで、実際はどれも基本的に同じものだ。だから私は「いずれはプリンターも複写機もカメラも一体になるはずだ」と二五年前に言い、それがようやく今ごろになって実現し、一体型のものが登場し始めたのである。

同様に携帯電話も、五年後には必ずここまで述べてきたような方向に向かっているだろう。今はドコモのようにその昔船舶電話をやっていた連中が考えている段階だから、イマジネーションも新しい技術の知識も足りないのだが、いずれこれらを一つにまとめていけば、世界を変えるほどのものが出てくる可能性もあるのだ。

言ってみれば、今まであった島が繋がって大陸になるようなものだ。こうした世界が、私が再三言っている「見えない大陸」なのである。

バラバラの出来事を一つの物語にまとめる

携帯電話の機能をバラバラにして、それぞれが五年前に比べてどう進歩してきているのか。どの部分の進歩が一番速いのか。人々はどんな使い方をしているのか。一つ一つについて細かく考え、将来どうなるかを見通していけば、だいたいはその方向に行く。なぜならば技術的に可能で、ユーザーから見て「こっちのほうが絶対に便利だ」というものは、どんなに回り道をしても最終的にはその方向に行くからだ。途中、バラバラに進化して、いろいろなカードを持ち歩かなければならないような寄り道をさせても、行き着く先は同じ。なぜなら、そこにユーザーが飛びついてしまえば終わりだからだ。

こうして携帯電話の五年後を予測しておくと、五年後には「先見性があった」と言われるわけだが、これは論理的思考に基づく推論の能力である。それを支えるのは、知的に怠惰にならないということだ。

たとえば私は、Ｓｕｉｃａが実際にどのような使われ方をしているのかを自分の目で見に行く。キヨスクでどれくらいの人がＳｕｉｃａで決済しているのか。Ｓｕｉｃａで改札口を通り抜けていく人がどのくらいの割合でいるのか。Ｓｕｉｃａそのものの研究をするのではなく、実際にみんながどんな使い方をしているのか、どんなものを買うときに使うのかを、じっと観察しているのだ。

問題解決の項でも述べたように、私は自分で立てた仮説を実証するにはフィールドワークしかないと思っている。だから駅の構内で帽子を目深にかぶり、サングラスをかけてじっと客の様子をうかがうこともする。自分でも缶入りのお茶を買い、レジに並んでいるふりをしつつ、後ろの客には「どうぞ、お先に」と順番を譲ったりしてねばり強く観察する。じつは細かい芸を使ってやっているのである。

私が「携帯電話の五年後」を語るとき、そこには特別な情報もなければ、奇跡的なアイデアも何もない。ここまでの話の中で、皆さんが知らなかったことなど何一つないはずだ。問題は、知っていることをすべて総合して考え、一つの体系になっていくとしたらどういうものになるのか、その解を導いていく思考回路があるかないかである。バラバラの出来事を一つの物語にまとめることができる能力の有無なのだ。

スピードを遅らせるな

今、携帯電話は明らかに人々の体の一部になっている。これは日本だけでなく世界的に見ても同じ傾向だ。

私は中国に行くたびに必ずフットマッサージに通う。フットマッサージはかなりの重労働で、一日に相当な数の客を取ってもいるのだが、それでも稼ぎは月に一万円程度だという。そのフットマッサージ師のお姉さんに話を聞くと、その一万円のうちの五〇〇〇円が、なんと携帯電話代で飛んでいくというのだ。残った五〇〇〇円で一ヵ月間生活できるというのもすごい話だが、所得の五〇%が携帯電話代で出ていってしまうというのは驚きである。

私はフットマッサージを受けながら、「あなたは携帯電話持ってる?」「どのくらい使うの?」「どんな相手とどんな話をするの?」と質問する。相手にしてみれば余計なお世話だが、彼女たちは別に嫌がりはしない。

中国滞在中フットマッサージには毎日行くので、こうして中国じゅうのフットマッサージ師をサンプルに、彼女らと携帯電話との関わりが聞ける。彼女たちにとって、今や「携帯電話は命の次に大事」なものだという。「今、友達をなくすのと、携帯電話をなくすのと、どっちがつらい?」と質問すると、「携帯を失うほうがつらい」と答える。これは前述した「大前の法則」だが、五年たてば携帯電話を使っている人間は世界中で同じような反応をするようになるはずだ。

フィンランドやデンマークでは日本以上に携帯電話の〝体の一部化〟が進んでいて、買い物をするときにも携帯電話を使う局面が多いし、すでにＩＤとしての利用も始まっている。私が頭の中で考えた先行事例を上回るようなものは少ないが、先行事例に匹敵するものは世界中で見ることができる。

先日も米国でシティバンクを訪れたとき、私が五年ほど前に予言した「携帯に航空チケットを取らせる方法」を電子財布のグループが研究し、実際に行っていた。たとえばアメリカン航空の一二五便に乗るとすると、携帯電話でその便の空席の座席表を呼び出し、座席位置を携帯電話の画像メモに保存。チェックインの際にそれを見せるだけでOKで、一〇〇%チケットレスになるというものだ。

日本のNTTドコモなら明日にでもできるサービスだが、まだやってはいない。今あるのはチケットを携帯電話で予約したうえで、現地に行って画像メモを見せてチケットをもらうという仕組みで、まだ完全にチケットレスにはなっていないのだ。

現在、世界中の航空会社で年間三億枚のチケットが発券されているが、それをすべて電子化すると全体で三〇億ドルの経費節減になるという。もちろんユーザーの利便性を考えれば、その効果は計り知れないだろう。

日本ではすぐに「ITや携帯電話が使えないお年寄りがかわいそうだ」などと言い出すが、そういう人たちには昔のやり方で対応すればいい。必然的にその方向に進んでいくものを、スピードの遅いところに合わせて押し止めようとするのは、止めようもない川の流れを無理やりせき止めようとするのと同じで、まったくナンセンスだ。世界は今、見えない大陸を我先に開拓しようと、猛烈なスピードで突き進んでいるのだから。

思考回路があれば新しいビジネス展開は簡単

私はこうしたことを考えるのが楽しいし、自分の商売にも役に立つ。私が主宰しているアタッカーズ・ビジネススクールの生徒たちにこの思考方法を教えると、彼らがその先を考えてくれるので教材としても非常にいい。彼らは私と一緒にずっと考えていくことで、とことん考え抜く思考法を習得できるのだ。

そうすると、自分では「先見性がない」と思っている生徒でも、「たしかに機能別に分解してから考えると意外に簡単だ」ということが分かる。こうした思考の世界にいる人は幸い他に誰もいないので、特許を取ったり、新しいビジネスを展開するのは楽だ。たとえば、私の双方向ビジネス専門チャンネル「ビジネス・ブレークスルー」では、遠隔教育を行うと同時にビジネスモデルや特許戦略も出している。そういうことをやっている人間は他に誰もいない。

その一例として、最近「遠隔授業における出欠の取り方」の特許を日本で取得した。日本での審査は時間がかかるので四、五年も待たされたが、この後アメリカでも一年以内には取れるだろう。

遠隔教育の難問は、生徒がテレビかインターネットのブロードバンドで授業を見ているのだが、本当に画面の前で見ていることを確認する方法だ。つまりどうやって「出欠を取る」かである。考え始めたきっかけは、アメリカの南カリフォルニア大学（USC）と交渉しているときに「出欠がわからないのでは単位はあげられない」と言われたことだった。

どうすれば本人が授業を本当に見ているかどうかを確実に知ることができるか。私が気づいたのは、パソコンには必ず時計が内蔵されていることだった。遠隔授業の途中で時計を浮き上がらせ、「スタート」という字幕が横に出るようにし、その何分か後にアルファベット二六文字か0から9までの数字のいずれかのキーを押すよう画面に示す。たとえば「X」という文字をフラッシュさせると、生徒が「X」のキーを打つという具合だ。画面を見ていないと、そのキーは押せない仕組みだ。

授業の途中途中にこの出欠を取り、最後に「END」を出す。生徒が「END」と打つと、「出欠の確認がしたいですか?」という質問が出てくる。「したい」と返事をすると、インターネットを通じてその生徒が打ったキーと時間間隔が確認され、「あなたは視聴をしました」という視聴確認がダウンロードできる仕組みだ。

次に「今、試験を受けたいですか?」という質問があって、「受けたい」と答えると、視聴したばかりの授業内容に関する試験が受けられる。内容は知識を試すのではなく、先生の言ったことを理解したかどうかを試すだけなので、視聴していれば確実に分かる。それに解答させて点数を出し、六〇点以下なら「もう一回視聴しなさい」となる。USCはインターネットを作り出した元祖のような大学だが、これをそこの人間に見せたところ、「まいった。これは非常にいい。俺たちにも使わせてくれ」ということになった。

この方法は同じく米国にも申請しているので、世界的に視聴認証の基本特許になると思う。これから遠隔教育で視聴認証をしようと思ったら、この特許を使わなければいけないわけだ。

これも先見性というのではなく、最先端のことをやっているうちに新しいニーズにぶつかったケースである。ある意味では非常に基本的なことだから、コロンブスの卵のようなものだ。しかしこれも、問題を与えられたら何とか解決しようと、とことん考えるトレーニングを積んできたからこそ生まれてくるものだと思う。

では先の「携帯電話の五年後」に関連して、もう一つ練習問題を出しておこう。

練習問題

今から五年以内に新たに家庭内に普及しているIT機器はどんなものだと思いますか?

解答・解説

いろいろな考えがあると思うが、私が五年後に確実に普及していると考えるのは、ホームサーバーという概念のストレージ機器である。

ホームサーバーとは、二四〇GB(ギガバイト)とか三〇〇GBの記憶容量を持つHDD

で、それがブロードバンドのインターネットにつながっている。その中には映像や音声、音楽、家族の記録その他が全部たまっていて、映画なら一〇本、写真はこれまで撮影したもの全部（約一ギガバイト）、音楽は持っているCDや昔のLPのすべて（約三〇ギガバイト）が入っている。また契約書、銀行口座、年金保険などあらゆる資料がPDF化して入っている。映画はそこに保存しておくというよりは、観終わったらまた新しいものをダウンロードするという使い方だろう。

それが無線あるいは有線の家庭内LANに接続されていて、家族それぞれが持っているパソコンやリビングルームのテレビに繋がっている。映画や音楽、家族のアルバムなどは家族の共通ライブラリーになっていて、みんなで同時に映画を観たり、昔のアルバム写真を楽しむことができる。一方、夫の情報や妻の情報、娘や息子の情報はそれぞれ家族のメンバーごとにファイアウォールがあり、他の家族に見られないようになっている。

間違いなく普及するホームサーバー

映像で言えば、三五ミリの写真やプリント時代の写真、デジカメで撮った写真が整理され、いろいろな形で簡単に検索できるようになっている。つまり自分の一生の記録が一つのプラットホームの中にあるというイメージだ。さまざまな契約関係の書類や家庭にある製品のマニュアルなどもその中にファイリングされていて、必要なときはすぐに呼び出せる状況になっている。火事で焼けてしまったときのために、データセンターがバックアップしていて、何週間かに一回はその間をホームサーバーと同期している。

ホームサーバーが普及すると、中央で集中管理するデータセンターの仕事がなくなると敵視されることもあるが、本当は逆だ。データセンターは消えてしまうことはなく、むしろ今より栄えるだろう。

このホームサーバーができれば、たとえば私が出張でホテルに泊まるとすると、ホテルにはW-i-F-i（ワイヤレスLAN）かブロードバンドのラインが入っているから、私はホテルの有線放送のビデオではなく、自宅のホームサーバーにアクセスして自分の好きな映画を観ることができる。あるいは好きなCDを呼び出して音楽を楽しむこともできる。

こうなると今のパソコンのAV機能のお粗末さが気になってくる。スピーカーはもっと良質なものにしなくてはいけない、ということがメーカーにも分かるはずだ。

ホームサーバーの中のデータを携帯電話にダウンロードすればそのまま持ち歩けるし、携帯電話から直接映像を見ることもできる。たとえば、友人に「おばあちゃんって、どんな人？」と聞かれたら、その場で携帯電話から家庭のサーバーを呼び出して写真を映し出し、「ほら、これがおばあちゃんよ」と言って見せることもできる。

携帯電話のカメラの画質はまだ悪いが、すでに三二〇万画素までできており、この後すぐに四〇〇万画素になる。四〇〇万画素あればそれ以上の解像力はいらないから、その段階で携帯電話さえあればカメラそのものが不要になってしまう。今は携帯電話のメモリーが足りないというが、撮影したデータはすぐにホームサーバーに飛ばしてしまえばいいから、大きなメモリーもいらなくなる。

こうしたシステムが売り出されれば、九九％の日本人はこれを欲しいと思うだろう。二四〇GBや三〇〇GBのHDDは今すでに一〇万円程度になっているから、五年後ならホームサーバーの価格は確実に一〇万円を切るはずだ。

二〇年間変わらないメーカーの思考パターン

こういう時代はもうそこまで来ている。けれどもそれに近いものはまだどこにもない。技術的にはすべて可能なのに、企業のイマジネーションが足りないから実現できていないのだ。

ホームサーバーは非常に具体的で明確だが、五年後の家庭をイメージするときに、マイクロソフトのビル・ゲイツも、シスコシステムズのジョン・チェンバースや元IBMのルー・ガースナーにしても、そして日本の家電メーカーにしても、間違った方向に行っている。どこも「情報家電」「情報ホーム」という漠然とした考え方から抜け出せず、二〇年間すべて同じパターンできているのだ。

外出先からお風呂のお湯を沸かす操作ができて、家に帰ったときにすぐに入浴できるとか、冷蔵庫に入っているものを使ったらそれに応じて自動的に注文できるとか、そういった類だ。

こんなパターンは、二〇年前に日本の富士通やNECの展示会でもやっていた。ところがいまだにIBMやシスコ、マイクロソフトに行くと、こういった夢のような機械化された住宅の話が出てくるのである。夕方になったら自動的にカーテンが閉まるというのだが、実際にはビル・ゲイツが自分で作った自動カーテンが閉まらなくなり、家の中が丸見えになったという笑い話がアメリカで流布していた。

どの会社も、夢のような住宅を作って「えーっ、将来の家はこうなるの?」と驚かすのだが、うまくいったためしはない。なぜなら彼らは人間というものを知らないからだ。私のように自らの足で検証することがないから、実験室で考え、象牙の塔の中で商品を作っているのである。

すると何が起こるか。「家に帰ったら、すぐに暖かいお風呂に入れる」というのはたしかに素晴らしい発想だ。しかし現実には、外出先でお湯を入れるようセットした後に、ばったり友達に会って飲みに行ってしまい、お湯と電気をムダにするということが起こる。しかも今ではお風呂のお湯張りも三分から五分でできる時代になってきた。すぐにお湯がたまるから、「外出先からお湯が入れられる」といっても、もう誰もありがたがらないのである。

帰ったときに暖かい家ということで、暖房も外出先から入れられるというが、マンションなどは暖房を入れるとすぐに暖まってしまうし、戸建住宅も断熱性がよくなって暖まりやすいから、それほど必要はない。有効なのは昔ながらの伝統的な日本式の木造家屋だが、そういう家の住人がこんなシステムを使うのだろうか？

冷蔵庫で使い切ったものを自動装塡するというアイデアも、人間を知らない人たちの机上の空論だ。私はエブリデー・ドットコムという生鮮食品の宅配事業会社を経営しているが、その立ち上げ時期に、六〇〇人の主婦たちと一年間にわたって調査を行ったことがある。その結果分かったのは、家庭の主婦は自動的に在庫が補充されるのを極端に嫌うということだ。主婦ほど気まぐれなものはないから、自動装塡すると「こんどは違うものを買おうと思っていた」と必ず言う。だから、いざ自動的に注文が入ってその商品を届けに行くと、「別のブランドのものに変えようと思って使い切ったのに、何で持ってくるのヨ」と言われることになるのがオチなのだ。

主婦は買い物をほとんど勘でやっている。スーパーに行ってちょっといいなと思うものがあったり、一円でもお買い得な商品があったら、予定外の物でも買ってしまうのである。

メーカーの在庫管理なら便利かもしれないが、メーカー担当者と主婦は感覚がまったく違う。それを理解せずに家庭内の「適正在庫」なるものを想定し、補充システムを作ろうという発想だから、うまくいくわけがないのだ。

「成功のパターン」の四要件

先見性が予言でも直感でもないことは、もう理解していただけたと思うが、実際に成功した経営者の中には、神の啓示か何かのように「突然ひらめきがあった」などと、予言者的なことを言う人はいる。しかし後で成功の原因を分析すると、ひらめきとか啓示といったものとはまったく違い、非常に論理的な「成功のパターン」が整っていることが多いのである。

そのパターンには、次の四つの要件がある。これは言い換えれば、先見性の必要十分条件だと言ってもいい。これまで挙げてきた事例をもとに、「成功のパターン」の四つの要件を検討していこう。

①事業領域の定義が明確にされている

この要件は、「ホームサーバー」と「情報家電」あるいは「情報ホーム」を比較すると明らかだろう。つまり「あれもこれも」ではなく、必然的に向かっていく一つの方向に特化するということだ。これは実際の事業においては、経営資源の分散を避ける意味合いもある。携帯電話のケースも、機能が統合されて一つになっていくという意味で、定義は非常に明確だ。

②現状の分析から将来の方向を推察し、因果関係について簡潔な論旨の仮説が立てられている

携帯電話の例では、現在あるあらゆる情報機器について現状を分析し、それらが将来どうなるかを予測し、「すべてが携帯電話に統合されるのではないか」という簡潔な仮説を立てた。ホームサーバーも同様だ。論理的思考から導かれた推論という意味で、たんなるアイデアとは

違うのである。

③自分のとるべき方向についていくつか可能な選択肢があっても、どれか一つに集中する

これは実際に事業を展開するうえでの要件である。えてして「できそうなこと」は全部ビジネスに繋げたくなるものだが、あれもこれもと手を出すと中途半端に終わる可能性が高い。いくつもある可能な選択肢の中でも、どれがもっとも成功の可能性が高いのかを分析し、優先順位をつける。今の時代、集中力とスピードがなければ勝つことはできない。

④基本の仮定を忘れずに、状況がすべて変化した場合を除いて原則から外れない

事業展開していく過程で陥りやすいのが、状況が変化したときに方向がブレてしまうことだ。とくに景気や業界の動向などによって経営者の心は動揺しやすいが、前提としていた状況が大きく変わらないかぎり（たとえば他社が同様の製品を一足早く開発した、関連する法規制が大きく変わった、想定を大きく超える範囲で経済状況が変化した、など）、最初に設定した基本仮定を忘れないことが肝要だ。

いずれにしても、これらの要件はこれまで述べてきた論理的な思考回路があれば整えられるものである。とくに③④は具体的に事業を展開していくうえでの話だから、まずはこの①②の

要件を満たす思考パターンを鍛えることが、先見性の強化に繋がるといえる。

そのためには、あらゆるものについて「五年後はどうなっているか」を考えてみることがよい訓練になる。

練習問題

あなた自身が「五年後はどうなっているか」を、一枚の紙に書き出してみてください。

第7章

開拓者の思考

古いビジネスの壁を突き破る

大手企業を〝突然死〟させる発想

すでに説明してきたとおり、世界は大きく変わった。新しい大陸が生まれ、その広大な大地は誰にでも開拓のチャンスがある。前章ではさまざまなものの五年後を考察してきたが、見えない大陸では時々刻々と開拓が進み、淘汰が猛スピードで進んでいることが理解してもらえたことだろう。

それを端的に示した例が、二〇〇四年二月のアメリカの音楽CD販売大手タワーレコードの倒産である。その引き金は、アップル・コンピュータのｉＰｏｄと、同社のオンライン音楽販売サイト「ｉＴｕｎｅｓ Ｍｕｓｉｃ Ｓｔｏｒｅ」の登場だった。見えない大陸はボーダレス空間でありサイバー空間だから、わざわざCDショップに足を運ばなくても、インターネットを通じて好きな映像や音楽が世界中どこからでも購入できる。しかも、聴きたい曲以外も収録されていて高い値段を払わされる音楽CDとは違って、聴きたい曲だけを安くダウンロードできる。CD販売業界が衰退するのは当然のことだ。

とりわけ「ｉＴｕｎｅｓ Ｍｕｓｉｃ Ｓｔｏｒｅ」のインパクトが大きかったのは、まず一曲九九セントという破格の値段だったことと、そこからダウンロードした楽曲を大量に記憶して聴くことができるiPodとシステム的に連動していることだった。そして「iTunes Music Store」は二〇〇三年四月に開業するや、わずか一年足らずで週一五〇万曲以上を売り上げる巨大ショップに成長してしまったのである。

タワーレコードは以前から将来が不安視されてはいたものの、まだ売上自体はそれほど減少していなかった。しかし、iPodと「iTunes Music Store」が登場したことで株価が急落し、倒産を余儀なくされてしまった。株式市場は「音楽CD販売業に未来はない」と、旧世界の業態であるCD販売業に市場からの退場を命じたのである。

同じくバイアコム傘下のビデオレンタルの大手「ブロックバスター」も切り離され、買い手を探すハメに陥っている。これもCDの次はビデオ・オン・デマンドという発想から、株主がその将来性に疑問を持った結果である。事業が当面うまくいっていても、将来を予見され、見切りをつけられてしまうということだ。

このように新しい世界、見えない大陸では猛スピードで変化が進む。この変化に適応できない企業は、どんなに大手で名前が通った優良企業でも、〝突然死〟してしまうのである。

しかも、勝者であるはずのiPodでさえ、前章で見てきたように五年後には携帯電話に統合されて〝用済み〟になる可能性が高いのだ。

問題は、この厳しい戦いの場である新しい世界で、いかに勝者となるかである。その鍵は、iPodと「iTunes Music Store」がタワーレコードを駆逐したごとく、旧来の業種そのものを不要にしてしまうことだ。

ここで求められるのは、立ちはだかる既存の価値観の壁を突破していくだけのインパクトを生み出す思考力、言い換えればビジネスにおける突破力であり、開拓者の思考回路である。旧来の価値観に囚われず、自らの発想や先見性を新しいビジネスや社会のシステム改革に生かしていく論理的思考力なのである。

可能性は見えないところにある

タワーレコードがオンライン音楽販売サイトに取って代わられたのと同様、写真用フィルムがデジタルカメラに取って代わられ、世界最大手のイーストマン・コダック社は急激な業績低下に喘いでいる。そのデジタルカメラさえも、早晩パソコンのI／O機器になり、やがて携帯電話に取って代わられるだろう。

こうした変化は、ある意味で目に見えやすいところで起こっているものだが、社会の変革やビジネスチャンスを考えるときには、見えないところにより大きな可能性が広がっていることを忘れてはならない。

私がこれからの時代にもっとも突破力があると考えているのは、パケット通信を使った方法、とりわけ「M2M」すなわち「Machine to Machine」の発想だ。

携帯電話は「P2P」つまり「Person to Person」で、自分も相手も人間である。この通信網は、たとえば日本中の人間が全部携帯電話で話し出した瞬間に満杯になる。一億人が携帯電話を持っていたとすると、五〇〇〇万ペアの通信が成り立ったとたんに飽和してしまうのだ。ところがM2Mには上限がない。

M2Mでどんなことができるのか。非常に具体的な例を挙げると、自動販売機にセンサーをつけ、どのジュースがどれくらい売れているとか、釣り銭がどれだけ残っているかの情報をパケットで飛ばす。それを販売会社のコンピュータが処理し、営業のトラックが自動販売機を回るルートを変更できるから、非常に効率がよくなる。おそらく同じ人数で倍の効率が生まれてくるだろう。

こうしたケースはいくらでも考えられる。たとえば、最近多くの人が不安に思っている家の安全の問題だ。警備会社と契約している人は経験しているだろうが、よく明け方頃に警備員が慌てて飛んでくることがある。カラスが赤外線カメラの前を通過したのを、泥棒が侵入してきたのと間違えてしまうのだ。そういうことがしょっちゅうあってうるさいので、SECOMのTVコマーシャルで有名な長嶋さんの家に泥棒が入ったときには、通報器を切っていたという。これではいざという時に何の役にも立たない。

ところが今は、センサーでイメージ分析を瞬時に行う技術がすでにあるから、これを使えば赤外線カメラの前を横切ったのがカラスなのか人間なのかがその瞬間にわかる。センサーが「侵入してきたのは人間だ」と判断したときだけ、パケット通信を使って警備会社または警察に飛ばすようにすれば、警備会社はカラスのためにいちいち駆けつけなくてもすむわけだ。同様に、川の上流に雨滴センサーを付けておいて、危ないときは「下流はすぐに避難しろ」という情報を送ることもできる。

ほかにも使い方は無限に考えられるから、その例を練習問題にしよう。

練習問題

都営バスのサービスを向上させ、しかも赤字を解消する方法を考えてください。

解答・解説

この問題の解答としては、次のようなことが考えられるだろう。たとえば、路線バスのすべての椅子の下に荷重センサーを入れておき、各座席の使用状況の情報を飛ばして、バス停で待っている人が「次に来るバスには空席がいくつある」ということが分かるようにする。バス停だけでなく携帯電話に飛ばして、どこでも見られるようにしてもいい。

路線バスはたいてい渋滞などで団子状態になりやすい。遅れたバスは停留所で大勢の客が待っているから、乗り降りでますます遅れてしまう。その結果、遅れたバスは満員すし詰めになって、次にすぐに来るバスはガラガラということがしょっちゅう起こるわけだ。

しかし、M2Mでバスと停留所が情報をやりとりすれば、「次のバスは三分後に来ます。空席は七席です」「その次は一〇分後に来ます」といったことが乗客に分かる。今来たバスが満員なら、客は「座れるなら、三分待って次のバスに乗ろう」と考えるかもしれない。逆に、次のバスが二〇分後とわかれば全員そのバスに乗るだろう。

こうして団子状態は解消されるし、満員のバスとガラガラのバスという不均衡も生まれにくくなる。そして何より、こうした情報を乗客が求めていることは明らかだ。都バスが本当に乗客のためのサービスを提供しようと思ったら、この話はすぐにでも実現できるのである。

マクドナルドなどは過去のデータを全部コンピュータで分析し、アルバイトを何人雇うかを季節変動、時間変動ですべて管理している。同じことを東京都もやれば、「この時間帯は小型のバスを走らせよう」とか「少し運行間隔をあけよう」ということがいくらでもできる。都バスは赤字だというが、これでサービスレベルを向上させ、かつ運営費を半分にすることは十分可能なのだ。

無限にある「M2M」活用ビジネス

猛暑で外気温が三五度を超すような日は、コンビニなどのショーケースの設定が甘いと商品の傷みが速く、腐りやすい。同じ温度に設定していても、外気温が高いとショーケースの中の温度が上がってしまうからだ。だが、外気温の変動に合わせて冷蔵装置の設定を自動的に変更し、結果的にショーケースの温度を一定に保つということも、M2Mなら簡単にできる。

M2Mが役に立つところは山ほどあるから、どんどん考えていけば、今はまだ存在しない新しいビジネスチャンスはいくらでもあるはずだ。M2Mはおそらくこの五年の間に、産業構造を大きく変えてしまうほどのインパクトをもっているのである。

たとえばセキュリティの面でM2Mを真剣に考えれば、警備会社はいらなくなるかもしれない。パケット通信で侵入してきたのが人間だとわかったら、警備会社ではなく警察に知らせるべきだ。だから情報は警備会社ではなく、警察に飛ばしたほうがいいという話になる。つまり、警備会社はバイパスされてしまう可能性があるわけだ。

すぐに警察が来てくれることが期待できなければ、拡声器をつけておいて、侵入したのが人間だとわかった瞬間に「今、警察を呼びました」とか「あなたの写真を撮りました。逃げても無駄です。自首しなさい」と自動音声で警告することもできる。あるいは拡声器に「何してるんだ！」と怒鳴らせてもいい。

私が強く言いたいのは、こうした発想のパターンが今ほど有効な時代はないということだ。すべては一九八五年に始まっているから、専門家はいない。すべての事業機会はこれからなのである。今一八歳の人も、二三歳の人も、そして四三歳、六三歳の人も、すべてが同じチャンスに恵まれている。もちろん男女も国籍の区別もなく、新しい事業を始めることにおいては、誰にも公平にチャンスがあるわけだ。

「一〇倍の効果」を考える

こうした大きなビジネスチャンスを生み出すのは、じつはとても簡単だ。これまで発想法や先見性のところで考えてきたことを「一〇倍くらい効果的にやる方法はないか」と考えてみればいいのである。一・二倍とか一・五倍というレベルでは考えない。コストダウンではないのだから、一〇倍、二〇倍、三〇倍の倍率で考えていくことだ。あるいは、「これで警備会社はいらなくなる」「キヤノンを下請けに使えるぞ」「ソニーをぶっ飛ばすにはどうすればいいか」という発想で考えてみてもいい。

コンパックの創業者ロッド・キャニオン、そして資金提供者ベンジャミン・ローゼンらは、「IBMを倒す快感」を事業動機にあげている。ローゼンはその後、「次はGMだ」と言ってエンジンの開発を弟と一緒にやっていたが、これは残念ながらうまくいかなかったようだ。

M2Mで考えられる対象範囲は、ありとあらゆる分野に広がっている。重要なのは、パケット通信をよく理解することだ。パケット通信網は携帯電話の通じるところならどこでも利用可能である。ユビキタスというのは「いつでも、どこでも、誰とでも」という意味だが、ポイントは双方向で通信ができるということだ。それは今までは神様しか見られなかったものが、携帯のアンテナが三本立っているところなら誰にでも見るチャンスがあるということなのだ。その鍵になるのは、センサーだ。

センサーとはカメラかもしれないし、匂いセンサーかもしれないし、温度かもしれない。たとえばカナダの銀行に行くと、顔の骨相で本人かどうかを認証している。指紋でやる方法もあるが、指を切られてしまうと終わりだからちょっと危ない。他に目の虹彩《こうさい》で認証する方法もあるが、今カナダの銀行では顔の骨相を使っている。

警察では犯人の指紋を膨大なデータから見つけ出すような技術がすでに確立されているので、顔の骨相のセンサーで人物が見分けられるようになれば、たとえばオサマ・ビンラディンの映像を登録しておいて、どこを歩いていてもすぐに捕まえられるようにすることもできる。このシステムを空港などで応用すれば、安全性は飛躍的に高まるはずだ。

また、自動車の中にアルコールセンサーを置いておき、センサーが運転手からアルコールを感知したら、パケット通信網を通じて「酔っぱらい運転をしている」と通報することもできる。これが非常に有効なのは保険会社で、「飲酒運転をしないという約束で契約すれば保険料を半額にする」といったアクティブ・インシュアランスを結ぶ保険会社が出てくるだろう。「アルコールセンサーを車の中に設置する」という条件がつくが、それでも飲酒運転をしなければ保険料が半額になるならと加入者が殺到し、この保険会社は絶対に人気が出る。

もしアルコールが感知されたら、「あなたはお酒を飲んでいます。五分後にエンジンが切れますから、すぐに道路脇に停めなさい」ということだってできる。この仕組み一つとってみても、いろいろな応用の仕方が考えられるのだ。

匂いセンサーをテーマに考えると、たとえば東京ガスなどが各家庭に設置しているガス漏れセンサーに利用できる。現在は「ガスが漏れていませんか？」と大きな音がして、家にいる人がそれに気づいてガス会社に電話するという仕組みだが、ガスを感知したらすぐにパケットで飛ばせば、手間もはぶけるし対応も早くなる。ガス会社や電力会社から派遣されて毎月ガスメーターや電気メーターを読みにくる係員がいるが、メーターの情報をパケットで飛ばせば、彼らの手間もいらなくなる。

ｅ－Ｊａｐａｎなら、政府はいらない

日本政府は「ｅ－Ｊａｐａｎ」などと言っているけれども、彼ら自身が電子政府がどういうものかが分かっていない。パケットの応用で考えていくと、ｅ－Ｊａｐａｎの時代には、極端に言えば政府がいらなくなってしまうのだ。

たとえば選挙の投票は、ＩＤの入った携帯電話からでも可能になるから、世界中どこにいても投票できる。一週間前から投票できるようにして、開票のときにポンとデータを開くようにしてもいい。投票立会人などいらないし、開票は人手ゼロで、しかも一瞬で終わってしまう。不在者投票などという面倒くさい手続きも不要だ。

今の衆議院選挙は一回で八〇〇億円くらい費用がかかると言われているが、これも不要とな

る。国民が廉価に何度でも投票できるから、参議院を廃止して、国民のレファレンダム（直接投票）を「上院」と位置づけてもよい。

　ほかにもいらなくなるものはいろいろあるから、それを問題にしよう。

練習問題

役所の窓口の仕事のうち、なくせるものを考えてください。

解答・解説

　役所の窓口の仕事は、ちょっと考えてみればいらないものだらけだ。住民票の取得にしろ何にしろ、本当は全部ネットですませられることばかりだから、窓口はまったく必要ない。

　ここではいちいち挙げることを省くが、たとえばシンガポールでは、建築許可申請などは現在すでにCADで受け付けている。後はコンピュータで基準に適合しているかどうかを判定するだけだから、一瞬で「OK」と許認可が下りるのだ。日本のように県庁の建築許認可に一ヵ月もかかるなどという話は、すぐにでもなくせるのである。

　日本の場合、建築基準法そのものに裁量の部分があるためコンピュータ化できないのだが、本来、建築基準は非常にコンピュータになじむ性質のものだ。現にシンガポールで稼働しているシステムは、日本のコンピュータ会社が作った。ところが日本の役人は、「自分たちが用なしになってしまう」ということで自分が裁量する部分を手放そうとしない。それがコンピュータ化できない理由なのだから、じつに情けない話である。

役所の窓口はもういらない

とくに許認可などは、利権や不正が生じないようにするためにも、裁量的な部分はないほうがいい。そうするとほとんどすべてコンピュータ化できるから、役所の窓口はいらなくなる。住民や企業は手間もはぶけるし、許認可を取得するスピードが速くなって、経済活動の活性化にも繋がるはずだ。

かりに窓口が必要なことがあっても、今のように「土日にも窓口を開けるかどうか」という議論はまったく不要である。インターネットを通じて応対すればいいのだから、一日二四時間、三六五日開いているのが当たり前になる。日本が夜の間はロサンゼルスとかロンドンの日本人主婦にアルバイトを頼んで電話で窓口をやってもらえば、二四時間いつでも日本語で応対することが可能だ。別にインターネットの向こう側にいる窓口の人間が、東京都庁の受付に座っている必要などないのである。

じつはこれらの提案は、私が一九九五年の東京都知事選挙のときに出した二五の公約のうちの一つに入っている。ちょっと先に行き過ぎていて理解されなかったが、当時の技術でもこれは可能だった。それで「サービスの質を向上させて、コストを下げる」と言った。もちろん都の職員は「とんでもない！」と反発したものである。

こうやって「どうしても役人でなくてはいけない部分はどこか」をどんどん考えていくと、実際はほとんど存在しない。スモールガバメント、小さな政府というけれど、最終的にはほとんどノーガバメントというくらいになってしまう。今問題になっている年金にしても、全部コンピュータにやらせれば「払った、払わない」「記憶にない」などということはありえなくなるのだ。

私は政府の仕事とは本来そうあるべきだと思う。では、役人に残る仕事は何かといえば、プランニングの部分である。「この地方をこういうふうに変えていきたい」と情熱をもって考えることは、機械ではできない。役人たちは行政サービスの部分はほとんど自動化し、もっと企画立案の部分でアイデアを練り、知恵を絞るべきなのである。そうすれば、さらによりよい行政サービスが発想できるはずだ。

役人たちはリストラを恐れるのではなく、より知的生産性の高い仕事にシフトできるのだと、喜んで変化に立ち向かうべきなのである。

教師は本来の仕事に戻れ

公務員の中で最大数を占めるのは何かといえば、それは学校の教師である。教育の現場でも、ブロードバンドで「教え方のうまい教師が全国一斉に教えていったほうが効率がいい」ということになれば、他の教師の仕事はなくなってしまう。指導要領に書かれていることだけを機械的に吐き出しているような教師は、遠隔授業に置き換えられ、せいぜいティーチング・アシスタントが精一杯ということになる。その時代はすぐそこまで来ているのだ。

私は管理職教育のシステムを作り、一九九八年からブロードバンドで一度に三〇〇人に教えているが、実際にやってみてこの方法のほうがはるかに効果がある。各自が都合のいい時間に遠隔授業を受け、クラスディスカッションはインターネットのサイトで行う。そして生徒が理解していないところは、個別に必要な新しい教材をその都度導入していく。生徒が自分に適したペースで進めていけるし、双方向でやっているので従来の教室での授業よりもはるかに効果があがるのだ。私自身がやってみて、いずれ学校の教育も大変革されるだろうと確信している。

現実に、教師の本当に大事な仕事は進路指導だったり、生徒が人間として成長していくための生活面・精神面での指導などだったりする。それが今の教師にはできていないから遠隔教育に淘汰されてしまうのだが、逆に考えれば、これはチャンスである。子供に知識をつめこんだり古い価値観を押しつけるのではなく、子供たちが人間として成長していくことを手助けする、教育者本来の仕事に力を注ぐことができるからだ。

この発想で学校のあり方を改革し、教師に適した人材を育てていけば、日本の教育は格段によくなるだろうと思う。

いざ、荒野へ踏み込もう

見えない大陸の四つの空間

前にも書いたが、新しい経済が始まり、見えない大陸が発見された一九八五年は、ビル・ゲイツ率いるマイクロソフトが、ウィンドウズのバージョン1を発売した年である。それに前後して、急激に伸びる企業が続々と登場した。

オラクルが古い部類で、一九七九年。他はほとんどが一九八〇年以降の生まれで、サン・マイクロシステムズが一九八二年、デルとシスコシステムズは一九八四年、ゲートウェイ2000は一九八五年に誕生している。グーグルに至っては一九九八年に誕生し、二〇〇四年の八月に上場したときの時価総額はなんと三兆円。GMやフォードを超えてしまった。

これらの企業は、時代の変革期に登場したいわば幕末の志士たちである。そして一九八五年に明治維新ならぬデジタル情報革命が起こり、時代は新しい経済、見えない大陸の時代へと大きく舵を切ったのだ。以後約二〇年間、私たちは宇宙飛行に匹敵するほどのスピードで起こる変化の中に、身をさらし続けているのである。

「はじめに」で触れたように、新しい経済、見えない大陸は四つの経済空間で成り立っている。

「実体経済」は旧世界から継続している空間で、我々が量子力学の時代になっても重力の考え方を使うように、けっして消えることはない。だが、この空間は急激に狭まってきている。

「ボーダレス経済」の空間については、もはや説明する必要もないだろう。あらゆるものが国境を越えて自由に行き交う空間で、すでに企業は無国籍化し、国境を越えて自由に企業活動を行っているし、お金も人も物も国境を越えて自由に流れている。しかもこのボーダレス空間の住民は、国民国家の枠組みにとらわれることがない。

この空間については、私は二五年以上にわたって機会あるごとに発表し続けてきた。中でも一九九〇年に書いた『ボーダレス・ワールド』は世界の注目を浴びたが、その後、世界は加速しながらこの本に書いた通りに進んでいる。七〇年代には市場や競争相手を定義し、その競争相手に対する戦略が有効に機能していたが、ボーダレス・ワールドではこうした「対競合戦略」による意思決定では、政治家も経営者も成功できなくなっているのだ。

「サイバー経済」の空間についても説明は不要だ。今、全世界でインターネットアドレスを持っている人は約八億人いて、急激に増え続けている。この人たちのことを私はサイバーライト

（サイバー社会の住人）と呼んでいる。彼らに共通するのは「レディネス（ｒｅａｄｙｎｅｓｓ＝準備態勢）」だ。すでに八億人もの人々が世界中の情報に直接アクセスする態勢を整えて、「Ｉ ａｍ ｒｅａｄｙ！（準備完了！）」と声を揃えているのである。

オンライン音楽販売サイトに飛びついてタワーレコードを倒産させたのも彼らだし、アナログのカメラをデジタルカメラに買い換えて、写真用フィルムの世界最大手コダックを窮地に追い込んでいるのも彼らである。さらに彼らはデジカメやｉＰｏｄをも統合・吸収する携帯電話の登場を促すだろう。彼らはデジタル社会がもたらすさらなる変化の波を、つねに待ち構えているのだ。

インターネット人口の増加、「レディネス」人口の拡大は、新しい経済のサイバー空間を拡大させる。すなわち「見えない大陸」の領土をどんどん押し広げているのである。

誤解のないように言っておくと、この空間ではインターネットがすべてではなく、それ以外のさまざまな通信手段も駆使されている。たとえば携帯電話は、別にインターネットとつながっていなくても電子財布として持ち歩くことができ、サイバー経済の支援が受けられるのだ。

「マルチプル経済」の空間については、理解が少し難しいかもしれない。それは自己資本の一〇〇倍、場合によっては一〇〇〇倍もの資金を借り入れて動かしていくマルチプル（倍率）の力が作用する経済空間だ。世界各地で通貨危機を招いたとされるヘッジファンドの存在がわかりやすい例として挙げられるだろう。

ただし付け加えておきたいのは、ヘッジファンドはこの空間のごく一部でしかなく、実際に通貨危機を招いたのは、危機の最中もしくは危機の直前に資金を他国からアメリカに移した企業や大きな資産を持つ個人だったということだ。つまり通貨危機の犯人は国民自身、ボーダレス経済の空間の住民でありサイバー経済空間の住民だったのである。

企業活動の中でマルチプル経済の特性がもっともよく現れているのは、企業買収である。実体経済の世界では、企業の価値は将来にわたる期待収益の正味現在価値（ＮＰＶ）に基づいて算出される。しかし見えない大陸に屹立している企業は、「この企業が将来占領するかもしれない領土の生み出す富」への期待値によって企業価値が決められる。だから自己資本の何十倍、何百倍もの巨額の資金を一気に動かして、自分よりも大きな企業を飲み込むことができるのだ。

最近の例としては、新参者のライブドアが、近鉄がギブアップした野球チームを買収すると名乗り出たことが挙げられる。古い企業である近鉄の将来性が株式市場に認められていない反面、一九九七年生まれのライブドアは高いマルチプル（倍率）を得ている。このため資金が潤沢でプロ野球チームの一つくらい持てる、と堀江貴文社長は豪語したわけだ。

こうして新しい経済、見えない大陸について知ると、前章で紹介したような土地や銀行をめぐる日本政府の対応が、いかに旧来の価値観を抜け出ていないかがよく分かるだろう。

大きなチャンスはこれから来る

逆に言えば、見えない大陸の発見からすでに二〇年が経過したとも考えられるが、「先行している者のほうが強い」ということは、この時代にはない。たとえばグーグルは一九九八年に出てきて、いつの間にか時価総額三兆円の企業になってしまった。

このグーグル、ロボットエンジンが盗人のごとく世界中のホームページに入っていって情報を持ってきてしまう。こんな発想は、先行していたコンピュータ会社や情報関連会社の連中にはまったくなかった。グーグルを作ったのはスタンフォード大学のドクターコースに通う二人の仲間で、一発逆転満塁ホームランをかっ飛ばしたようなものである。

日本の場合、新しい会社を作ることにおいてはアメリカなどに非常に遅れをとった。残念ながら日本で今元気があるのは古い会社ばかりで、松下電器が蘇ったとか日産自動車が蘇ったとかいう話題が世間を賑わしている。キヤノンやリコーも増収・増益と、日本勢はデジタル革命でも元気だ。しかし、アメリカ勢の大半がこの二〇年間に生まれてきた企業群であるのに対して、日本勢はいずれも旧勢力の蘇生である。

古い会社が生まれ変わるのもそれはそれでいいことだが、私がここまで述べてきた世界は、ソニーも松下も気づいていないような世界だから、新しい人たちには「恐れずにやっちまいな」と言いたい。それが日本にとってもっとも大きなチャンスでもあると思う。

これからは、改革をしない分野がほとんどないというぐらい、すべてのものが急速に変わっていく。だから新しいものを作っていこうとする人、これまでにないビジネスモデルを試してみようという人、そして意欲のある若い人たちにとっては、これほどいい時代はない。これからは過去のものに囚われず、「新しいことを考えた」「新しいものに触れた」「これまでにないやり方を考えた」「これまでにないものをサービスとして提供した」という人間が勝ちなのだ。

デル・コンピュータのマイケル・デルは、「あなた方がわが社の役員会に来たら、〝この会社は明日つぶれるんじゃないか〟と思うかもしれません」と言っている。

デル・コンピュータは一九八四年に生まれてから、一本調子で駆け上がって世界一のパソコン会社になった、極めて強烈な破壊力を持った会社だ。しかし、その会社がこれほどまでに自己否定している。つねに「自分たちはまだまだだ」「何とかしよう」「新しいものを生み出そう」ともがいているわけだ。逆に言えば、だからこそこれまで伸び続けられたのだと思う。

マイクロソフトのビル・ゲイツにしても、毎日が新しいことの連続だろう。逆に明日にでも潰れそうな会社の連中が〝自分たちの会社は未来永劫大丈夫〟と思っているのとは対照的である。

これからの世界は、誰も踏み込んでいないまったく新しい世界だ。いわば西部劇の世界で、誰にでもカリフォルニア州を占有したり、テキサスの大きな牧場を勝ち取るチャンスが同じだけある。だから「今からでも絶対大丈夫だ。やってやろう」というメンタリティーを持つかどうかが、突破できる人間かどうかの差になってくる。ほとんど心構えの問題なのである。

突破できる人間とできない人間の違いは、ようするに自分にはまだ経験がないというときに、そこを避けて通るか「とりあえず入ってみよう。何かあるかもしれない」と思うかの違いである。なぜなら最初から成功の道が見えている人間など、今の世界にはいないからだ。

年俸に見合うだけの名札があるか

「自分はどうせサラリーマンだから、あまり関係ないさ」と思っているとしたら大間違いで、それでは私がよく言う「茹でガエル」になってしまう。カエルが鍋に飛び込んだ。最初は水だったが、鍋の底に火がついていてだんだんお湯が温まってくる。カエルはなんとなく変化に気づきながらも、深く考えずに「まあ、温かくて気持ちがいいや」と思っている。そのうちお湯は熱湯になり、カエルは茹で上がってしまうのだ。

今でも日本のビジネスマンは、四〇歳そこそこで年俸六〇〇万円から一〇〇〇万円近くはもらっているだろう。年俸一〇〇〇万円といえば、世界で見れば一％もいないエリート中のエリートである。

そこで私はビジネスマン諸君に、「あなたはその値札に見合うだけの名札が書けるのか」と問いたい。音楽家ならコンクールの受賞歴や演奏履歴、誰々とどこで共演したという履歴がある。自分がサントリーホールでコンサートを開くに相応しい履歴があることが、プログラムには書いてある。新しい世界では、会社勤めといえども個人の能力と責任が問われる。ビジネスマンだってその名札が書けなければいけないのだ。

音楽家はみんな貧乏だから、年俸一〇〇〇万円に届く人はめったにいない。スキーやサーフィンのプロでも、一年間に一〇〇〇万円稼ぐ人は世界中でも指折り数えるくらいしかいない。「サラリーマン諸君！　あなたはその年俸に相応しいだけのことをやってきているのか？」ということだ。

戦後、日本企業では社長も平社員も年俸にはそう大きな差がなかった。社長と新入社員の収入差は八倍で、同じ頃、アメリカでは名経営者といわれクライスラー社長だったアイアコッカと新入社員の年収の違いが一〇〇〇倍あった。ソニーの盛田さんは「だからアメリカはダメなのだ。年収差八倍の日本は、みんなが協力してやるいい世界だ」と言ったが、その時代はもはや終わってしまった。団結して高らかに社歌を歌い社旗掲揚をやっていた社会は、完全に崩壊してしまったのである。

ビジネスマンの年俸も、今や格差一〇〇倍の時代に入っている。年俸五〇〇万円か五〇〇〇万円か、それとも五億円か。「言われたことをやります」という知的ブルーカラーのビジネスマンなら、よくて五〇〇万円だろう。

大学を出て二〇年たったときの差。四五歳の通過の仕方が、五〇〇万円、五〇〇〇万円、五億円の三通りあるということだ。

五億円は、起業家として新規ビジネスのメガプレイヤーになったり、新しい発想でM&Aをどんどん仕掛けているような人間。五〇〇〇万円というのは、「この人でなければできない」という特殊な能力なり発想を持つ人間だろう。

だからといって、私は誰にも彼にも五億円や五〇〇〇万円を狙えといっているのではない。そういう選択肢の中で、あなたはどの道を選ぶのか。その選んだ道に沿って筋力トレーニングを一からやり直し、食生活もそれに合わせたものにしなさいということだ。もちろん食生活とは知的な栄養分をいかに摂るかということである。

新しい世界では、五〇〇万円を稼ぐにもそれ相応の能力が求められるようになる。知的ブルーカラーの仕事、言い換えれば「勤労の付加価値」の仕事のほとんどは、中国やインドなどに移っていく。先進国のビジネスマンは、これからは「知識の付加価値」でメシを食っていかなければならないのだ。これまで通り「勤労の付加価値」のぬるま湯につかっている人間は、年俸は五〇〇万円ではなく二〇〇万円に落ちることを覚悟しなければならない。これではまさに茹でガエルである。

毎日、頭脳という拳銃を磨け

あなたが否応なく乗り出した新しい世界、見えない大陸は、限りない可能性と希望に満ちているが、西部の荒野のごとく危険にも満ちている。だからこそ、日頃から腰につけた拳銃を磨いておくことが大切だ。毎日が訓練であり、誰と会うときでも真剣勝負のつもりで、つねにベストを尽くさなければいけない。これが平素の生活態度になっている人は、いずれ拳銃の名手になれる。

このビジネスの世界における拳銃こそ、あなたの頭脳であり、本書で示してきた七つの思考回路なのである。

あとは日々の訓練と実践あるのみ。健闘を祈る！

「経営者としての思考力を鍛えろ!」

大前研一が毎日、直接指導する

「大前経営塾」~日本企業の経営戦略コース~

大前経営塾とは、日本企業の最重要課題や経営者として求められる能力について、大前研一の講義や実際の経営者の話を収録したビデオとテキストをご覧頂き、その内容について徹底的に議論するものです。大前研一他一流講師陣、他企業の経営幹部との議論を通じ、経営者としての物の見方・考え方、能力を1年間かけて磨き上げていきます。

- 「中国問題」、「新事業開発」など現代の経営にとって最重要な問題にフォーカス。
- 成功した経営者の実際の話より経営者としての物の見方、考え方が身につく。
- 大前研一他、著名な講師人より直接指導が受けられる。
- 「経営」という同じ志を持った他社の経営幹部と他流試合ができる。
- 時間や場所の拘束が無く、忙しい仕事の合間に無理なく学べる。
- 衛星放送ビジネス･ブレークスルーで経営者として必要な知識も同時に身につく。
- 教育訓練給付制度厚生労働大臣指定講座である。

受講期間：1年間　毎年4月／10月開講
特　　典：ビジネス・ブレークスルー1年間視聴とスカパー受信機器をプレゼント!
大前研一通信を1年間無料購読 ほか、セミナー&人材交流会にご招待!

ビジネス・ブレークスルー　「日本企業の経営戦略コース」事務局
東京都千代田区五番町2-7 五番町片岡ビル／電話：03-3239-0287
メール：keiei@bbt757.com ／ URL：http://www.bbt757.com/keiei

大前研一流の思考方法をゲット!!

大前研一通信　大前研一の考え方がわかる唯一のネットワーク誌

あなたにも隠れた真実がみえてくる! ビジネス情報、政治・経済の見方から教育、家庭問題まで、大前研一の発信を丸ごと読める唯一の会員制月刊情報誌（A4判、約40ページ）。大前研一も参加する、ネット上のフォーラム（電子町内会）も開設しており、併せて加入すれば、きっと、マスコミでは分からないものの見方や考え方が自然に身についていくでしょう。ブロードバンド環境の方なら、立ち読み（抜粋）やバックナンバーのチェックも可能です!

大前研一通信
お問い合わせ・資料請求は
TEL：0120−146086（いしんをやろう）
FAX：03−3263−2430
E-mail：JDB02662@nifty.com
URL：http://ohmae-report.com

THE OHMAE REPORT

●著者紹介

大前研一（おおまえ　けんいち）

1943年、北九州市生まれ。早稲田大学理工学部卒業。東京工業大学大学院で修士号、マサチューセッツ工科大学大学院で博士号を取得。経営コンサルティング会社マッキンゼー&カンパニー日本支社長、本社ディレクター、アジア太平洋会長等を歴任。95年退社。96～97年スタンフォード大学客員教授。現在、カリフォルニア大学ロサンゼルス校（UCLA）政策学部教授、オーストラリアのボンド大学客員教授、ペンシルベニア大学ウォートンスクールSEIセンターのボードメンバー等を務める。2002年9月に中国遼寧省および天津市の経済顧問に就任。また2004年3月、韓国・梨花女子大学国際大学院名誉教授に、同年7月には高麗大学名誉客員教授に就任。著書に『企業参謀』（プレジデント社、文庫は講談社）『サラリーマン・サバイバル』『ドットコム仕事術』『日本の真実』（小学館）『質問する力』（文藝春秋）『大前研一 新・資本論』（東洋経済新報社）『やりたいことは全部やれ！』『チャイナ・インパクト』（講談社）など多数。

大前研一ホームページ　http://www.kohmae.com/

考《かんが》える技術《ぎじゅつ》

2004年11月４日 第１刷発行
2004年12月14日 第４刷発行

著　者　大前研一《おおまえけんいち》
発行者　野間佐和子
発行所　株式会社講談社
東京都文京区音羽二丁目12-21
郵便番号112-8001
電　話　出版部　03-5395-3522
販売部　03-5395-3622
業務部　03-5395-3615
本文データ制作　講談社プリプレス制作部
印刷所　慶昌堂印刷株式会社
製本所　島田製本株式会社

N.D.C.338 278p 20cm
定価はカバーに表示してあります。

ISBN4-06-212492-0